DE LA

NEUTRALITÉ

DE L'AUTRICHE

DANS LA GUERRE D'ORIENT

TYPOGRAPHIE DE CH. LAHURE
Imprimeur du Sénat et de la Cour de Cassation
rue de Vaugirard, 9.

DE LA

NEUTRALITÉ

DE L'AUTRICHE

DANS LA GUERRE D'ORIENT

PRÉCÉDÉ D'UN AVANT-PROPOS

sur

LE TRAITÉ DE BERLIN

PAR UN EUROPÉEN

« Je n'ai pas le patriotisme étroit d'une frontière politique, mais j'ai celui d'un Européen. J'aime l'Europe comme le berceau qui nous est commun à tous, comme le centre de notre civilisation, comme le foyer de cette lumière qui pénètre toutes les régions du globe. »
(Cᵗᵉ DE FICQUELMONT.)

Nouvelle édition corrigée et augmentée

PARIS : AMYOT, RUE DE LA PAIX. 1854

AVANT-PROPOS.

TRAITÉ DE BERLIN.

Lorsque deux corps de même poids et
même vitesse suivent une direction contraire
et viennent à se rencontrer, leurs forces d'im-
pulsion se neutralisent réciproquement, et le
repos succède au mouvement. Ce phéno-
mène vient de se produire dans l'ordre moral et politique.

La Prusse et l'Autriche, avec des forces
de nature diverse mais équilibrées, ont
suivi depuis l'origine du conflit oriental des
tendances opposées. On s'est beaucoup exagéré cette contrariété. Elle existe toutefois,
et s'explique par plusieurs raisons. Les par-
tisans de la paix européenne ont donc pu
craindre un instant que ces deux puissances,
divisées pendant la paix, ne le fussent aussi

pendant la guerre, et qu'elles n'allassent chercher, l'une en Russie et l'autre en Occident, des moyens de prépondérance en Allemagne. Alors se serait engagée, par toute l'Europe, une lutte gigantesque et interminable.

Grâce à Dieu et à la sagesse des cabinets de Vienne et de Berlin, ce péril est conjuré. Malgré des sympathies dynastiques assez inégales et des intérêts fort différents sur le Danube, la Prusse et l'Autriche se sont rencontrées sur le terrain commun des intérêts allemand et européen. Un traité d'alliance offensive et défensive a été signé à Berlin le 20 avril 1854; et comme les deux hautes parties contractantes apportent dans cette alliance des éléments contradictoires qui se neutralisent réciproquement, les résolutions extrêmes ont été évitées, le seront encore, et l'Allemagne s'affirmera de plus en plus dans la plénitude de son indépendance et de son repos.

La myopie occidentale n'a pas vu dans le traité de Berlin ce qui y est, et y a vu ce qui n'y est pas. Qu'il nous soit permis d'en présenter une courte analyse[1].

Ce traité pose en principe la neutralité. « Sa Majesté l'empereur d'Autriche et Sa Majesté le roi de Prusse, voyant avec un profond regret la stérilité des efforts tentés jusqu'ici pour prévenir l'explosion d'une guerre entre la Russie d'un côté, et d'un autre côté la Turquie, la France et la Grande-Bretagne ; prenant en considération le développement des mesures militaires de plus en plus étendues prises par *les parties contendantes*, et les dangers qui en résultent pour la paix de l'Europe, ... ont résolu de s'unir *pour toute la durée de la guerre* qui a éclaté entre la Russie d'un côté, et de l'autre la Turquie, la France et la Grande-Bretagne. Article 1er : Toute attaque dirigée contre le territoire de l'un d'eux, *de quelque côté qu'elle vienne*, sera

---

1. Le texte de ce traité se trouve à la fin du volume, p. 128.

considérée comme une entreprise hostile dirigée contre le territoire de l'autre. »

Cette neutralité a trois caractères :

1º Elle est *armée*. Article 3 : Les deux
grandes puissances allemandes s'engagent à
entretenir, en cas de besoin, une partie de
leurs forces *sur un pied complet de guerre*
aux époques et sur les points qui seront
ultérieurement fixés;

2º Elle est de *médiation*. Les deux souverains, « voyant la stérilité des efforts qu'ils
« ont tentés jusqu'ici » isolément « pour pré-
« venir l'explosion de la guerre, sont con-
« vaincus » néanmoins « qu'il appartient à
l'Allemagne, si étroitement unie à leurs
États, de remplir une haute mission au début de cette guerre, afin de prévenir un
avenir qui ne pourrait qu'être fatal au bien-
être général de l'Europe; »

3º Elle est *indéfinie quant à sa durée*,
puisque le terme n'en a pas été fixé et que
les deux *casus belli* de l'annexe, à savoir
l'incorporation des principautés et l'attaque

ou le passage de la ligne des Balkans, sont des futurs contingents dont la réalisation peut être indéfiniment ajournée ou même absolument empêchée par les troupes françaises, ottomanes et anglaises.

Voilà, si je ne m'abuse, le traité de Berlin dans toute sa rigueur.

Quant au protocole (n° 6) de la conférence tenue à Vienne le 23 mai et destinée à relier la convention austro-prussienne à la convention anglo-française, on sait que les politiques du *Times*, d'ailleurs si clairvoyants, y ont d'abord trouvé la consécration d'une quadruple alliance. Je conviens qu'un protocole, c'est-à-dire un procès-verbal, peut être, selon ce qu'il relate, la chose du monde la plus considérable ou la plus insignifiante ; mais le protocole du 23 mai présente évidemment ce second caractère [1]. C'est le procès-verbal d'une conférence où quatre

---

1. Voir, à la fin du volume, le texte de ce protocole (p. 131), ainsi que celui du protocole du 9 avril (p. 123).

puissances se communiquent officiellement
deux actes diplomatiques qu'elles connaissent depuis longtemps, s'appesantissent sur
ce qu'ils ont de commun, et ne disent pas
un mot des différences. Or, ces différences
sont si grandes, que la Prusse et l'Autriche,
si elles ont à sortir de leur neutralité, tout
en agissant d'abord militairement dans le
même sens que les deux puissances occidentales, à savoir pour protéger l'intégrité de
l'empire turc et l'indépendance du Grand
Seigneur, agiront encore séparément. Le
traité de Berlin porte : « Article 5 : Pendant
la durée du présent traité, ni l'une ni l'autre
des hautes parties contractantes ne pourra
conclure avec quelque puissance que ce soit
aucune alliance qui ne serait pas dans un
accord parfait avec les bases posées dans
le présent traité. » Or, il n'y a point accord
parfait entre le *statu quo* territorial européen, base de la convention austro-prussienne, et le but final de la convention anglo-française, qui est non-seulement de

repousser l'agression de S. M. l'empereur Nicolas, mais encore de prévenir, par diverses mesures, le retour de pareilles agressions, clause pleine de mystères[1].

L'illusion a été si grande en Angleterre et en France sur la portée du protocole n° 6, que pour calmer le public, le gouvernement français a dû se faire écrire de Vienne, et publier dans le *Moniteur* du 29 mai la note suivante, qui mérite quelque attention :

« Le nouveau protocole de la conférence, signé le 23 mai, consacre le maintien de l'unité de vues et d'efforts entre les quatre puissances, fondé sur la connaissance qu'elles se

---

1. Traité de Londres. Art. 1er : « Les hautes parties contractantes s'engagent à faire ce qui dépendra d'elles pour opérer le rétablissement de la paix entre la Russie et la Sublime Porte, sur des bases solides et durables, et pour *garantir l'Europe* contre le retour des regrettables complications qui viennent de troubler si malheureusement la paix générale. » — L'article 2 établit clairement la différence qu'il y a entre le but immédiat, qui est l'intégrité du territoire turc, et le but final spécifié dans l'article 1er.

sont mutuellement donnée des engagements pris entre la France et la Grande-Bretagne d'une part, l'Autriche et la Prusse de l'autre. La convention anglo-française pour la guerre *actuelle*, se trouve ainsi rattachée au traité austro-prussien pour la guerre *éventuelle*. » Il est donc bien entendu que la Prusse et l'Autriche sont neutres dans la guerre actuelle, et qu'elles ne sortiront de leur neutralité qu'éventuellement.

On a pu regretter des deux côtés du Rhin que les puissances allemandes aient cru devoir préciser dès aujourd'hui ces éventualités, et surtout qu'elles aient divulgué l'annexe où les deux *casus belli* cités plus haut se trouvent formulés. Autant il importait que le traité de Berlin fût publié pour donner à l'Europe le sentiment de sa sécurité, autant il importait que ses annexes demeurassent secrètes pour conserver à l'Allemagne toute la liberté de ses mouvements. Ce secret n'ayant point été gardé, l'Autriche et la Prusse se trouvent désormais engagées, non-seulement vis-à-vis l'une de l'autre, mais encore vis-à-vis du tzar, vis-à-vis des puissances occidentales et vis-à-vis de ce public européen, si embarrassant, si facile à entraîner, dont il est si malaisé de connaître l'opinion, qui ne sait pas lui-même au juste ce qu'il veut, et qui, n'étant d'aucun secours pour résoudre les questions, sert du moins à les embrouiller.

Sans doute cette publicité était la conséquence presque inévitable de l'exécution de l'article 4 du traité de Berlin, ainsi conçu : « Les hautes parties contractantes inviteront tous les États de la Confédération à accéder au présent traité, en leur faisant observer que les obligations fédérales prévues par l'acte final du congrès de Vienne s'étendront, pour ceux qui y accéderont, aux stipulations que le traité actuel sanctionne. » Mais quelle nécessité y avait-il d'engager immédiatement tous les États petits et moyens de la Confédération dans une alliance dont l'objet est extra-fédéral, et de les faire sortir de la neutralité absolue qui leur convient pour les faire en-

trer dans une neutralité relative que peuvent
rompre deux éventualités aussi étrangères
l'une que l'autre à l'intégrité territoriale de
la Confédération? L'article 46 de l'acte final
du congrès de Vienne porte : *Lorsqu'un État
confédéré, ayant des possessions hors des
limites de la Confédération, entreprend une
guerre en sa qualité de puissance européenne,
la Confédération, dont une pareille guerre
n'affecte ni les rapports ni les obligations, y
reste absolument étrangère.* » On ne pouvait
donc pas attendre, et il n'était pas facile de
provoquer de la part de la diète de Francfort, un acte collectif d'adhésion à un traité
qui repose sur l'éventualité d'une guerre purement européenne. L'accession des États
devra en effet s'opérer par des actes individuels, et le mouvement n'aura point ce
caractère exclusivement allemand qu'on aurait du moins souhaité de lui voir. Chaque
membre de la Confédération viendra fournir,
soit à la Prusse, soit à l'Autriche, l'appoint
de son accession ; tel autre, que je ne nomme

pas, viendra appuyer une politique pour laquelle on doit avoir encore des ménagements mais aucune faiblesse, et, en fin de compte, l'alliance austro-prussienne, loin de gagner en cohésion, perdra peut-être en équilibre.

Mais je sens qu'il faut entrer ici dans quelques détails.

Deux systèmes s'offraient à la Prusse et à l'Autriche pour rattacher l'Allemagne au traité du 20 avril.

Laissant de côté les articles 11 et 40 de l'acte final du congrès de Vienne, qui ne sont évidemment pas applicables à la situation, puisque personne en Europe, ni à droite ni à gauche, ne menace l'Allemagne, les cours de Vienne et de Berlin pouvaient cependant provoquer une décision de la diète, en l'appuyant sur l'article 47 du même acte final, article dont voici la teneur :

« Dans le cas où un État ayant des possessions hors des limites de la Confédération se trouverait menacé ou attaqué dans ses possessions, la Confédération n'est obligée de pr endre des mesures de défense ou une part active à la guerre, qu'après que la diète aura reconnu en conseil permanent et à la pluralité des voix, l'existence d'un danger pour le territoire de la Confédération. » La question ainsi posée, si la diète s'était prononcée pour l'affirmative, les résolutions prises en conseil permanent auraient rendu tous les États confédérés solidaires des mesures de défense jugées nécessaires, et, chose encore plus importante, la déclaration de guerre, si elle s'était faite un jour, aurait dû être prononcée en assemblée générale et aurait constitué tous les États confédérés partie active dans la guerre.

En un mot, la Confédération germanique se serait trouvée, quant à ses relations extérieures dans l'affaire d'Orient, constituée, pour employer les expressions de 1815, en *une puissance collective établie sur un principe d'unité politique.* L'Autriche, comme la Prusse, aurait été absorbée dans cette unité politique.

Mais, outre qu'une décision affirmative de la part de la diète était douteuse, ce premier système, s'il avait été mis en pratique, aurait présenté, cela est clair, pour les deux puissances allemandes, l'inconvénient de les subordonner à la Diète et de transformer leur alliance particulière en une ligue germanique. Dans le cas d'une solution négative, elles auraient pu, il est vrai, recourir au second système, c'est-à-dire provoquer des adhésions séparées et user de la ressource offerte par l'article 42 de l'acte final, portant que *les États qui ne partagent pas l'avis de la majorité conservent le droit de concerter entre eux des mesures de défense commune.* Mais n'était-il pas plus simple d'adopter d'emblée ce second système? C'est ce qu'on a fait, et par là, les deux cabinets de Vienne et de Berlin ont su éviter les longueurs d'une délibération parlementaire et conserver leur puissance d'initiative.

Ils l'ont conservée, dis-je, mais seulement dans une certaine mesure. En effet, les États adhérents s'engageront-ils aveuglément et sans conditions dans une alliance dont une appréciation peut également faire sortir la paix ou la guerre? Évidemment non. Ils peuvent bien, et c'est ce qu'on décidera sans doute à Bamberg, ils peuvent bien s'engager à couvrir le territoire de la puissance qui serait attaquée, mais s'il s'agit, au contraire, de faire acte d'agression, ils doivent conserver le droit de prendre part aux délibérations. En un mot, concourir à la défense, délibérer sur l'attaque : voilà quelle sera, ou du moins quelle doit être leur situation. Dès lors, les décisions se prendront avec difficulté, car plus on est de monde, plus on a de peine à se mettre en mouvement; et il est permis de craindre que, si l'on sort de la neutralité, ce soit trop tard par une décision collective, ou trop tôt par un acte isolé, dictatorial, qui provoquerait les récriminations, les résistances, une rupture peut-être.

Ainsi, l'accession des petits États, comme la divulgation de l'annexe, enlève dans une

certaine mesure, à la Prusse et à l'Autriche,
la chose du monde la plus précieuse en politique, la complète liberté d'action. Or, ce
qui importait, ce n'était pas tant d'être neutre que de pouvoir cesser de l'être au moment opportun.

Mais je prie que l'on veuille bien examiner
de près la nature des deux *casus belli* posés
dans l'annexe.

1° *Incorporation des principautés.* C'est
bien à tort que l'on a vu, dans la formule
de cette première éventualité, une marque
nouvelle de l'accord qui existe entre les puissances allemandes et les puissances occidentales.

Sur ce point, la Prusse et l'Autriche sont
d'accord, premièrement avec le droit public
européen, et subsidiairement avec la France
et avec l'Angleterre qui vient de se faire su-
bitement la vigilante gardienne de ce droit
public. D'après les principes les plus élémen-
taires de ce droit, il est clair que l'incorporation des principautés danubiennes à la

Russie par un acte arbitraire allumerait immédiatement la guerre entre S. M. l'empereur Nicolas et tout État soigneux de son
honneur et de ses intérêts. Il semble donc
que ce *casus belli* allait de soi et n'avait pas
besoin d'être formulé. Sa formule, insignifiante en elle-même, n'a d'importance que
par les conséquences qu'on peut en tirer.
Or, qu'est-ce qu'une incorporation ? Une
occupation sans terme fixé équivaut-elle à
une incorporation, ou faut-il un acte ex-
plicite et déclaratif d'annexion ? S'il y a
prescription en matière de propriété territoriale politique, ne doit-on pas interrompre
la possession pour empêcher que la prescription ne s'accomplisse ? D'un autre côté, les
traités sur lesquels repose l'état international des principautés, en donnant à la Russie
sur ces provinces une demi-souveraineté et
un droit éventuel d'occupation, ne s'oppo-
sent-ils pas à ce que l'on voie dans l'occupation actuelle un fait absolument anormal [1] ?

1. Il n'est pas inutile de rappeler ici par quelle mar-

Enfin n'y aurait-il point dans l'occupation
par l'Autriche d'une autre province de la

che lente et sûre le cabinet de Saint-Pétersbourg est
parvenu à établir peu à peu sur la Moldavie et la Valachie le protectorat de la Russie :

L'article 16 du traité de Kaïnardji, en 1774, lui con-
féra d'abord un droit d'intercession ;

Le traité d'Ackerman, en 1826, un droit de repré-
sentation ;

Le traité d'Andrinople, un droit d'occupation temporaire et de surveillance ;

Le règlement organique de 1834, un droit de protectorat ;

Le sened de Balta-Liman en 1849, un droit d'occupation éventuelle.

De tous ces traités, celui d'Andrinople me semble le
plus dur, qui stipula :

1° Que la Porte ne conserverait dans les principautés
aucun point fortifié ;

2° Qu'elle ne s'immiscerait en rien dans leur administration intérieure ;

3° Qu'elle n'en exigerait à l'avenir ni redevance, ni
fourniture, *ni cadeau;*

4° Qu'aucun musulman ne pourrait y être domi-
cilié;

5° Que tout musulman propriétaire de biens-fonds
serait tenu de les vendre dans le laps de dix-huit mois ;

6° Qu'enfin la Porte, pour compenser le préjudice de

2

Turquie une première mesure militaire, suffisante pour rétablir l'équilibre et servir de base à de nouvelles propositions? Questions litigieuses, que je pose sans les résoudre, mais que chacun voudrait trancher à sa façon. La formule de ce premier *casus* offre donc aux puissances allemandes une occasion de conflit intérieur, plutôt qu'un motif précis d'action au dehors.

2° *Attaque ou passage de la ligne des Balkans*. Le premier *casus* de l'annexe est avantageux aux puissances occidentales, en ce sens qu'elles peuvent espérer de voir l'occupation sans terme fixé assimilée à une

cette exclusion civile, politique et militaire, se bornerait à recevoir un tribut annuel dont elle n'aurait même pas le droit de fixer le chiffre. — C'était, comme on voit, la substitution pure et simple d'un droit de créance viagère au droit de souveraineté. Il eût été fort utile à cette époque de venir au secours de la Turquie pour sauvegarder son intégrité, et du Grand Seigneur pour protéger sa souveraineté. On conviendra que, s'il est encore louable de le faire aujourd'hui, il est du moins un peu tard.

incorporation; et compter en définitive sur
un concours actif de la part de l'Autriche.
Mais le deuxième *casus* a cela de particulier
qu'il remet tout aux mains de la Russie
et la rend maîtresse de l'action ou de l'inac-
tion de l'Allemagne. Que veut l'empereur
Nicolas? Il veut se fortifier dans les principautés et tenir vigoureusement ce gage
pour négocier avec plus d'avantages et d'autorité. Ou je me trompe fort ; ou les principautés ne sont pour lui qu'un moyen terme,
un instrument de négociation. En l'y con-
finant on l'oblige donc à faire ce que son
intérêt lui dicte d'ailleurs assez clairement.
Tandis que l'attaque de la ligne des Balkans
et son passage seraient aujourd'hui une opération bien autrement difficile qu'elle ne l'a
été en 1829 pour le général Diebitsch ; que
le passage de cette ligne, en supposant qu'il
pût s'effectuer après une victoire chèrement
achetée, exposerait un corps d'armée isolé à
venir se faire battre à Andrinople ou à Phi-
lippopoli par l'armée des alliés, on oblige

précisément les troupes françaises et anglaises
à prendre l'offensive pour déloger les Russes
d'une position naturellement forte et que les
travaux de l'art ont encore fortifiée ; on les
oblige, soit à des transports maritimes très-
dangereux sur la mer Noire, soit à des marches difficiles dans des contrées dépour-
vues de routes stratégiques, et où la déplorable incurie d'un gouvernement qui attend
tout de la divine providence a laissé détruire
ces voies romaines dont on n'aperçoit plus
maintenant que les respectables vestiges.

En résumé, le deuxième *casus* a cela de
fâcheux pour l'Occident, qu'il rend le tzar
maître, jusqu'à un certain point, des événements ; qu'il lui permet de savoir sur quoi
compter et l'oblige à la prudence qui surtout
à la guerre est mère de la sûreté.

On a donc pu regretter que l'Allemagne,
tout en s'affirmant elle-même et en s'isolant
si utilement d'une part de la Russie et d'autre part des puissances occidentales, ne se
soit pas du même coup réservé toute la liberté

de ses mouvements. Mais cette faute, si c'en
est une, peut se réparer. C'est la nature
d'une annexe qu'elle doit être suivie, selon
l'occurrence, d'autres annexes qui l'annulent
ou la modifient. Ainsi les cours de Vienne et
de Berlin pourront retrouver dans une certaine mesure, par de nouvelles conventions
additionnelles, l'indépendance qu'elles ont
aliénée en partie au profit du tzar et de l'Occident.

Si l'annexe présente des inconvénients, le
traité du moins a des avantages considérables. Il pose en principe la neutralité qui,
on doit le reconnaître, peut, selon les événements, durer longtemps ou s'évanouir
demain. C'est au temps qu'il appartient de
déduire de ce grand acte tout ce qu'il ren-
ferme. Pour nous, qui voyons surtout dans
la neutralité de l'Allemagne un organe de
médiation et l'instrument précieux d'une
prochaine pacification, nous espérons qu'elle
durera autant que la guerre à laquelle elle
fera mettre un terme. Toutefois, dans l'état

présent des choses , cette neutralité subsiste,
et depuis le 20 avril elle a reçu sa consécration. Nous pourrions donc intituler ce travail : *Histoire des causes de la neutralité de
l'Autriche dans la guerre d'Orient.*

7 juin 1854.

DE LA NEUTRALITÉ

DE L'AUTRICHE

DANS

LA GUERRE D'ORIENT.

I.

Il n'y a sans doute personne en Europe, même à Saint-Pétersbourg, pour qui il soit besoin de démontrer que la France et l'Angleterre doivent faire la guerre au tzar Nicolas.

Cette guerre est légitime et utile : sa nécessité résulte de ces deux caractères. Elle en a un troisième depuis qu'on a appris qu'aucune réponse ne serait faite à l'*ultimatum* : elle est inévitable.

Dès lors, le terrain des négociations entamées le 24 juillet 1853, dans le cabinet du comte de Buol, étant abandonné par les parties principales, on s'est demandé quelle serait l'attitude de l'Autriche dans le conflit ainsi transformé, et qui, après avoir été successivement porté à Jérusalem, à Constantinople et à Vienne, se trouve aujourd'hui agrandi et disséminé sur tous les champs de bataille de la Turquie et dans toutes les rades de la Baltique et de la mer Noire.

Les conférences, bientôt reprises, ont montré : 1° que les quatre puissances restaient d'accord sur le but, à savoir l'intégrité de l'empire turc ; 2° que les deux puissances allemandes se concerteraient pour suivre, soit militairement, soit diplomatiquement, une marche commune.

Un seul point est donc bien acquis aujourd'hui : la Russie ne peut compter sur un concours d'aucune sorte de la part de l'Allemagne. Mais il est clair que la question de neutralité reste encore indécise. L'Autriche, dont la prépondérance résulte de sa position sur le Danube et la Méditerranée, l'Autriche, tout en s'opposant aux prétentions du tzar Nicolas, prendra-t-elle immédiatement, vis-à-vis de son ancien allié et redoutable voisin, une attitude aussi décidée que la France et l'Angleterre ? Se croira-t-elle obligée de poursuivre le même but par les mêmes moyens ? En supposant qu'elle le fasse, sera-ce à ses risques et périls ou solidairement, après avoir accédé au traité d'al-

liance signé le 12 mars à Constantinople? Se bor-
nera-t-elle à promettre de prendre part à la lutte
dans tels ou tels cas que l'on déterminerait à l'a-
vance? Enfin sera-t-elle neutre, et quelle serait sa
neutralité, stricte, armée, indéfinie, temporaire
ou de médiation? Telles sont les questions que
l'on se pose et qui doivent être posées, mais que
l'on tranche tour à tour, dans un sens et dans
l'autre, avec une légèreté qui atteste bien le peu
de fondement des raisons sur lesquelles on s'ap-
puie.

La facilité avec laquelle les journaux accueillent
et répandent les nouvelles les plus contradictoires,
rappelle ce mot de La Bruyère : « Le nouvelliste se
couche le soir tranquillement sur une nouvelle qui
se corrompt la nuit, et qu'il est obligé d'abandonner
le matin à son réveil. » Un jour on écrit du Danube
à la *Gazette de Cologne* que l'Autriche a fait pro-
clamer, par ses organes, son accession à l'alliance
des puissances occidentales ; comme si les bords du
Danube, où il n'est bruit que de redoutes, ouvrages avancés, têtes de ponts, ponts de bateaux, etc.,
pouvaient être informés de ce qui se résout au
fond du cabinet de Vienne, le plus secret des cabinets européens. Trois jours après, le *Morning-
Post* déclare : « Que le roi de Prusse aura bien de

la peine à expliquer ses hésitations aux puissances occidentales; qu'il serait plus noble et plus digne de sa position de suivre une voie moins oblique et de prendre un parti dans la lutte avant d'y être forcé par les événements; qu'en ne prenant pas une attitude décisive, il perdrait son rang en Allemagne, etc.... »

Si la presse enregistrait purement et simplement les faits accomplis et ne présentait au public que cette nourriture substantielle, la seule qui lui convienne, la presse deviendrait une bienfaisante institution; mais en prétendant influer sur les événements, soit par des nouvelles prématurées, soit par des conseils donnés aux gouvernements, elle induit le public en erreur, réagit très-fâcheusement sur le mouvement des fonds publics par l'oscillation qu'elle leur imprime, et entrave plutôt qu'elle ne domine l'action des gouvernements. Eh! qu'importent aux cours de Vienne et de Berlin les suggestions perfides, les plaidoiries contournées, les prédictions comminatoires des journalistes anglais? Est-ce des bords de la Tamise qu'on révélera à l'Allemagne le secret de sa force, de ses intérêts et de son avenir? Ce ne sont point des gouvernements comme ceux de la Prusse et de l'Autriche qu'on entraîne ou qu'on trompe par des manœuvres dont ils tiennent juste le compte qu'il faut.

C'est donc ailleurs que dans les journaux qu'on trouvera la clef des événements : c'est dans la série des faits déjà consommés, dans l'ensemble des précédents, dans la situation respective des différents États. Les gouvernements monarchiques purs, pas plus que les gouvernements républicains ou constitutionnels, ne sont libres de leurs mouvements. Ils font le plus souvent, non pas ce qu'ils veulent, mais ce qu'ils peuvent, et au-dessus du monarque le plus absolu, il y a la force des choses.

Nous avons cherché à nous rendre compte de la force des choses en Autriche, et de cet examen, sans parti pris à l'avance, il résulte pour nous cette conviction, que le rôle de l'Autriche dans la guerre d'Orient doit être *la neutralité*, une neutralité armée, indéfinie quant à sa durée, et sans engagements d'aucune sorte. Étant donnée cette neutralité, nous nous sommes demandé quelles en seraient les conséquences, et il nous a semblé qu'elles ne pouvaient être qu'avantageuses pour l'Europe, pour l'Allemagne et même pour les puissances occidentales.

L'empereur Napoléon remporterait certainement

une belle victoire diplomatique s'il réussissait à engager l'Autriche dans une alliance avec l'Angleterre. Quelque habitué que nous soyons aux miracles de sa politique, nous ne comptons pas sur ce miracle-là. L'Empereur a pu vaincre, dans les limites de son empire, les éléments qui offraient quelque résistance à ses desseins. Mais, ces éléments, il les dominait; il les avait sous la main; ils étaient malléables, comme tout ce qui est français. Dans la crise actuelle, la tâche qu'il a si loyalement entreprise est d'une nature toute différente; il lui faut remuer des forces hétérogènes, convaincre ce qu'il y a de plus opiniâtre au monde, la diplomatie allemande.

C'est faire preuve de générosité que d'inviter par toutes sortes de bons procédés l'Autriche et la Prusse à prendre part à la lutte quand on est assez fort d'ailleurs pour la mener à bonne fin. Sa Majesté Impériale, préoccupée des seuls intérêts de l'Europe, voudrait que l'accession des puissances allemandes vînt donner à cette guerre un caractère européen. Mais ce caractère nous semble bien établi, et le concours diplomatique de la cour de Vienne, sans l'intervention de ses armées, le confirmera encore lors des négociations ultérieures.

Avant d'aborder l'examen des faits multiples d'où dérive la neutralité, je prie que l'on veuille bien remarquer la confusion actuelle des forces et des idées politiques en Europe. Les considérations qui suivent se rattachent intimement à l'objet de ce travail.

II.

Considérations préliminaires sur l'état actuel des relations internationales en Europe.

Ce n'est point seulement dans le domaine de la politique et de l'administration intérieure des États que les événements des soixante dernières années ont porté le trouble. Les relations internationales ont également subi de funestes altérations. Sous la forme à peu près immuable des procédures diplomatiques, on retrouverait difficilement aujourd'hui, dans la pratique des gouvernements, l'application de ces règles anciennes, dues à la sagesse de nos pères, mûries par le temps et dont l'ensemble, formant pour l'Europe une sorte de droit public non écrit, constituait, par delà les traités; ce qu'on pourrait appeler les *mœurs* des cabinets.

La chute des maisons régnantes, les intronisations nouvelles, les restaurations durables ou éphémères; le brusque avènement des classes inférieures à la politique, les changements fréquents et inévitables dans le personnel des États constitutionnels; l'exclusion, la décadence ou la retraite des aristocraties qui se livraient naguère aux affaires publiques; l'invasion des hommes nouveaux, avocats, professeurs ou commerçants, qui apportent dans le maniement du pouvoir les habitudes du barreau, de la chaire ou du comptoir; enfin, la naissance d'intérêts nouveaux, et par-dessus tout l'excessif développement d'une force étrange, la presse quotidienne, ont fait négliger, oublier ou perdre les précieux errements de l'ancien régime. Les vues profondes et suivies ne sont guère possibles sur un terrain aussi mouvant que celui de la politique moderne. Le but changé, les moyens de l'atteindre ont changé aussi; car l'instrument auquel touchent tant de mains s'altère vite, et peu importe d'ailleurs l'arme dont on frappe des adversaires d'un jour, inconnus ou bientôt oubliés.

Ce qu'il y a de plus affligeant dans ce travail

de décomposition; c'est que les dépositaires de la tradition y ont eux-mêmes contribué. Dans leur lutte aveugle et obstinée contre Napoléon, ils ont fait appel à des principes dangereux qui devaient se retourner contre eux-mêmes. Au lieu de voir dans cet homme le régénérateur du principe d'autorité, ils l'ont considéré tantôt comme le représentant de la Révolution, tantôt comme un despote militaire. Ces deux points de vue également faux ont amené des actes contradictoires, et dévoyé, depuis cette époque, le gouvernement des monarchies européennes.

Pour soulever les peuples, les souverains coalisés ont dû semer les germes d'un libéralisme menteur, dont leurs successeurs recueillent maintenant les fruits amers. *Tout peuple indépendant,* disaient-ils dans la proclamation de Kalisch, *est allié des puissances armées: Puisse tout Allemand, prince, noble ou combattant dans les rangs du peuple, accéder au plan de la délivrance commune!* La force collective, c'est-à-dire l'idée de l'État, était méconnue; on revenait à l'individualisme et au régime tumultuaire de ces anciennes forêts de la Germanie où le spirituel président de Montesquieu a imaginé de voir le berceau des libertés publiques. Le cabinet de Saint-Pétersbourg, dans une proclamation (mai 1815), publiait que la coalition avait pour but de reconquérir *l'indépendance des nations et de lui donner pour bases la justice, la modération et les* IDÉES LIBÉRALES, *trop longtemps effacées par le despotisme militaire du livre des droits civils et politiques des peuples.*

On sait à quoi aboutirent, l'argent de l'Angleterre aidant, toutes ces déclamations. Napoléon fut vaincu, la France envahie, Paris occupé; et c'est dans la capitale de l'esprit et du bon sens que les trois souverains de Russie, de Prusse et d'Autriche signèrent ce pacte fameux, inouï, d'une nature tout à fait nouvelle, d'une tournure presque ridicule, d'une politique nébuleuse, d'un christianisme suspect, *la Sainte Alliance.*

Dans ce traité, les successeurs de Frédéric, de Joseph et de Catherine prenaient, je ne dirai pas pour base, car cela n'était pas fixe, mais pour ciel de leur politique, car cela était immense et vague, *l'idée religieuse.*

La religion a besoin d'être définie. Pour les particuliers, c'est une règle morale et la meilleure des règles. Dans ses manifestations extérieures et dans son culte, elle doit être protégée, rétribuée, alimentée, encouragée par l'État. Mais l'État ne saurait la propager au dehors, l'imposer ou la

prendre pour drapeau, sans lui faire courir de grands dangers et sans compromettre en même temps ces principes salutaires de tolérance, les seuls qui puissent, en ce siècle, donner la paix aux hommes de bonne volonté.

Les congrès d'Aix-la-Chapelle (1818), de Carlsbad (1820), de Vienne (1820), de Troppau (1820), de Laybach (1821), au lieu de rendre aux relations internationales leur première et solide assiette d'avant 1789, firent surgir des idées nouvelles et de nouvelles difficultés. La dangereuse théorie des *interventions* prit naissance.

Les souverains, disait-on à Troppau, *exercent un droit incontestable en prenant des mesures communes de sûreté contre les États que le renversement de l'autorité par la révolte met dans une attitude hostile contre tout gouvernement légitime.* Cela est bon; mais comme dans le domaine creux des principes de politique générale, toute affirmation appelle forcément une contradiction, l'Angleterre adopta bientôt le principe contraire. Elle produisit, pour son usage personnel, une distinction très-vieille dans les ouvrages des publicistes. Elle sépara les peuples de leurs gouvernements et se fit, comme on dit, l'apôtre de la liberté.

3

Ainsi, après soixante ans de troubles qui ont tout ébranlé, voilà où en sont arrivés ces gouvernements. Au lieu de faire leur besogne comme leurs devanciers, simplement, vigoureusement et sans phrases, ils sont pris de la manie des apostolats. Ils se donnent, au nom d'une Providence que chacun fait parler à sa fantaisie, des *missions* de toute espèce. L'Angleterre à elle seule en a trois. Non contente de primer toutes les nations dans les voies de la *civilisation manufacturière*, la voilà qui exporte des bibles et cherche à implanter dans des pays qui ont une religion toute faite, tour à tour majestueuse et douce, cette religion sombre et ce culte sans grâce, nés de la réforme[1]. Elle tient aussi boutique de constitutions. Nous ver-

1. On comprend que l'Angleterre, qui explore tout le globe, soit jalouse de porter les lumières de l'Évangile dans des contrées lointaines et sauvages, où la religion consiste à adorer un morceau de bois mal taillé. Là, du moins, le protestantisme est un progrès. Mais qu'elle le propage dans des pays où les pontifes s'appellent Léon X, où les temples sont bâtis par Michel-Ange, les églises peintes par Raphaël, où, au lieu de psalmodier tristement, on chante les divins motets de Palestrina, vraiment cela est intolérable. Celui qui écrit ces lignes croit devoir protester ici de son respect pour toutes les religions et pour le principe de la liberté de conscience, leur sauvegarde commune. Mais ce principe, purement rationnel, ne gêne en rien sa forte antipathie pour la réforme, qui n'est à ses yeux qu'une longue suite d'erreurs. La vente même des indulgences, point de départ du pro-

rions bientôt les *deux chambres* à Constantinople, si le tempérament oriental n'était absolument in-compatible avec le parlementarisme.

Un puissant souverain, qui aurait tant à faire pour organiser les services publics sur la surface de son vaste empire et le civiliser, croit avoir reçu du ciel, et toujours de la part de la même Providence,

testantisme, lui semble la chose du monde la plus simple et la plus légitime. Pourquoi l'autorité spirituelle n'offrirait-elle point à ses ouailles le moyen de réparer un *délit religieux* par un sa-crifice d'argent, le plus dur des sacrifices, comme l'autorité temporelle impose une amende aux citoyens coupables d'un *délit social ?* Vues de haut, l'indulgence pécuniaire et l'amende sont l'application d'un même principe, avec cette différence que l'in-dulgence est payée volontairement, tandis que l'amende est im-posée. De respectables magistrats plaisantent volontiers après dîner sur la cour de Rome et les indulgences, sans se douter qu'ils ont fait l'après-midi au tribunal, pour le compte de l'État, ce que les moines faisaient pour le pape au moyen âge. On demande quel rapport il y a entre un péché et une pièce de monnaie. Je demande quel rapport il y a entre une infraction de police et une pièce de cent sous? Le même, à coup sûr. D'un côté comme de l'autre, il y a le rapport de la peine infligée à la faute commise. Dieu me garde d'une dissertation. Je compare le droit canonique au droit civil, et je trouve un parallélisme parfait. Les *dommages-intérêts*, réparation faite à la personne, ont pour corrélatif les *restitutions ;* les *amendes*, réparation faite à l'État, ont pour cor-rélatif les *indulgences* payées au pape, qui est le représentant de l'État religieux, le chef de l'Église. L'État et le pape font, du produit des amendes et du produit des indulgences, l'emploi qu'ils jugent convenable, et quand bien même on devrait condamner la mission de répandre l'orthodoxie. L'Europe, encore mal remise des convulsions de 1848, commençait à jouir des bienfaits de la paix publique, et c'est le représentant le plus déclaré de l'ordre qui expose l'Europe entière aux maux de la pire guerre qu'il y ait au monde, la guerre de religion.

Une autre habitude, non moins funeste que

les indulgences par raison, comme on les condamne par préjugé, il faudrait encore les absoudre, au XVIe siècle, à cause de l'usage spirituel que les pontifes savaient en faire. Si cette page tombe sous les yeux de quelques personnes, l'auteur sent qu'il va se faire des ennemis, mais n'importe. Il dira du protestantisme tout ce qu'il en pense. Il regrette les moyens employés en France, au XVIe et au XVIIe siècle, pour combattre l'hérésie. Il se félicite toutefois des résultats obtenus, parce que le protestantisme avait revêtu dès son origine deux caractères également déplorables, d'*iconoclastie* au point de vue esthétique, et de *féodalité* au point de vue politique. Enfin, s'il compare les personnes, quelles profondes différences entre le divin fondateur du christianisme et l'homme qui prétendit le régénérer. Chez l'un, l'aimable douceur qui attire les cœurs, une sagesse imperturbable qui commande le respect des vieillards mêmes ; une délicatesse presque f......e, et sur la croix, une grandeur d'âme qui fait oublier Socrate. Chez l'autre, une continuelle préoccupation de soi-même, une âme emportée, de grossières invectives, la fuite devant ses juges, et pour testament à la postérité, je ne sais quels vulgaires *Propos de Table*. Il y en a de sensés, comme celui-ci, par exemple : *se lever de bonne heure et se marier jeune ; personne ne s'en repentira*. Mais le bon sens suffit-il pour fonder une belle religion ? Il faut de la grandeur, du merveilleux, du divin, la passion de l'idéal : Luther n'est que bourgeois.

celle des missions, a passé des particuliers aux gouvernements, celle de ne tenir aucun compte des faits accomplis[1], de tout remanier sans cesse, aussi bien les formes sociales que les formes politiques et administratives. On met en question les établissements les plus anciens ; on refait à plaisir la carte d'Europe ; on ressuscite des nations mortes ; on décide la mort des nations vivantes, et comme ces créanciers de Rome qui mettaient en pièces la personne de leur débiteur insolvable, on se dispute par avance les morceaux les plus délicats.

Un principe nouveau, celui des *nationalités*, a envahi depuis quelques années et failli dominer, en 1848, toute la politique de l'Europe. Ainsi, après avoir séparé les peuples des gouvernements, on fractionne les peuples eux-mêmes. On divise aussi les États en de certains groupes, d'après des caractères qui, pense-t-on, doivent déterminer leurs alliances et leur politique. Indépendamment de toutes ces nouveautés, propres à entraver l'ac-

---

1. Il y a, par exemple, des Grecs, d'un esprit de nationalité si exigeant, que les droits octroyés aujourd'hui par Sa Hautesse, contrairement à tous les principes de l'Islam, ne les contentent pas. Ils ne seront satisfaits qu'à une condition, c'est que les Turcs repasseront en Asie. Quatre cents ans d'occupation ne paraissent pas une prescription suffisante. Il faudra bientôt rappeler aux Grecs que les Turcs sont des hommes.

.tion du pouvoir, il était sans doute réservé à notre
époque d'offrir le spectacle d'une paix de trente-
neuf ans, pendant laquelle tous les gouvernements
augmentent l'effectif de leurs troupes et perfection-
nent d'une façon vraiment alarmante les instru-
ments de destruction[1]. Des ententes cordiales
pleines de fiel, des traités d'alliance qui permettent
de se faire tout le mal possible, des États qui sont
tout à la fois en paix sur un point et en guerre sur
un autre, des traités que l'on déclare solennelle-

1. Le progrès des sciences et du commerce, bien loin de rendre
la guerre impossible, comme on le répète trop souvent, peuvent
servir à l'alimenter. L'Angleterre n'a presque jamais fait que des
guerres commerciales. C'est un savant qui a découvert la poudre
à canon. L'électricité va bientôt recevoir des applications terri-
bles, principalement à la guerre maritime. C'est un principe de
physique bien digéré qui a fait trouver au général Paixhans ces
fameux canons qui portent son nom. La science et la paix rendent
possibles tous ces progrès, tandis que pendant la guerre on reste
stationnaire. Depuis 1815 le rapport des armées européennes a
changé, et Napoléon s'y reconnaîtrait à peine. Elles ont presque
toutes acquis par l'exercice cette promptitude des mouvements
qui était auparavant le privilége de l'armée française. L'artillerie
manœuvre partout avec une rapidité bien plus grande que sous
l'empire. Les canons de gros calibre, qui étaient réservés à l'attaque et à la défense des places fortes, vont être amenés en rase
campagne et y produiront des effets merveilleux. Le nouveau fu-
sil, déjà répandu, porte plus loin, plus juste, avec une charge
moitié moins forte, et se détériore moins vite que l'ancien.

L'Angleterre a contribué à ces progrès. Un colonel de l'armée
anglaise, le colonel Congrève, a inventé ces fusées qui furent

ment rompus (1848) et que l'on continue de respecter en fait : telle est l'incroyable confusion des principes et des actes de la politique internationale de nos jours.

Un fait considérable, qui s'accroît par cela qu'il subsiste, qui marque à la fois la décadence de l'État, celle de l'imprimerie, et peut-être aussi celle de l'esprit humain, la presse quotidienne, si l'anarchie se mesurait, donnerait la mesure de notre époque. Parlons-en tout à notre aise.

d'un effet si imprévu et si meurtrier sur les champs de bataille de Leipzick et de Waterloo. La mitraille ordinaire des pièces de campagne contenue dans des boîtes de tôle ne portait sérieusement qu'à 600 mètres ; un artilleur anglais, Schrapnel, a trouvé moyen de faire porter à un quart de lieue un boulet de 12 rempli de balles. Cette même Angleterre, terre classique du congrès de la paix, exporte, année commune, pour environ 13 millions d'armes et munitions de guerre.

Quant à la vapeur, sur mer, elle a pour résultat immédiat de mettre aux prises des nations entre lesquelles il semble que la nature avait élevé une barrière infranchissable. Les chemins de fer permettent de se battre plus tôt et en plus grand nombre. Enfin, quand la *science* aura découvert le secret de la locomotion aérienne, il y aura trois sortes de combats, de terre, de mer et d'air. Voilà où conduisent la paix et la science. On voit qu'il faut tout attendre de la sagesse des gouvernements. — Je ne puis que je ne rappelle un trait remarquable dans l'histoire de la maison de Bourbon. Louis XV, achetant le secret du feu grégeois, a rendu, par ce bon mouvement, plus de services à l'humanité que ne lui en rendront jamais tous les phraseurs qui ont pris l'habitude de calomnier ce roi homme d'esprit.

Que la presse soit l'agent politique à la fois le plus puissant et le plus dangereux, le mensonge plutôt que l'organe de l'opinion publique ; que dans l'économie intérieure des États, elle soit la source de difficultés insupportables pour les gouvernements ; que, dans l'ordre purement intellectuel, elle tende à la démocratisation de l'intelligence, c'est-à-dire à courber tous les esprits sous le même niveau, à substituer partout, dans les lettres comme dans la politique, le nombre à la qualité, à mettre la pensée humaine en poussière, comme elle a mis le roman en feuilletons ; grâce à Dieu, ce sont là d'heureuses banalités. Nous envisagerons seulement la presse au point de vue des relations internationales.

En supposant que, par accident, dans certains pays, la presse quotidienne puisse être sans inconvénient un pouvoir dans l'État, il semble qu'elle devrait au moins, en ce qui concerne les affaires extérieures, se borner au rôle qui lui est véritablement propre, au rôle de nouvelliste, et s'efforcer d'acquérir les deux vertus de ce métier, l'exactitude et la discrétion. N'est-il pas contraire à la nature des choses qu'elle prétende influer même sur la conduite des gouvernements étrangers, et soit libre d'employer, pour atteindre ce

but, toute espèce de moyens? Ce n'est pas sans
crainte que l'on voit passer dans la presse, c'est-à-
dire dans la politique mise à la portée de tous, les
habitudes et les manœuvres des partis. Un journal annonce ce qui n'est pas encore arrivé et ce
qu'il souhaite, pour en préparer l'événement. Il
menace, calomnie, caresse, tend des piéges. Ces
manœuvres qu'à la guerre on appelle stratagèmes,
et feintes dans une salle d'armes, sont de bonne
guerre. Les ruses ont pour contre-poids, sur le
champ de bataille, la valeur qu'on y déploie ; la
feinte ne serait rien sans la botte qui exige du
poignet et du jarret. Mais dans les rapports de la
vie civile et politique, les ruses sont de véritables
dols qui exercent, sur l'économie morale de l'indi-
vidu, une influence que rien ne vient immédiatement corriger.

Si, dans les relations d'État à État, c'est-à-dire
dans les relations d'êtres collectifs, qui n'ont
d'autre règle que la conscience et d'autre juge que
la force, ce qu'on est convenu d'appeler le ma-
chiavélisme est une nécessité, que gagnera-t-on à
initier à ses secrets dangereux et à sa pratique dé-
létère tous les lecteurs de journaux ? Transformés
en autant de petits Machiavels, et n'ayant point
d'État à gouverner, ils porteront dans la vie privée

les habitudes et le manége de la politique. Il y a
là un grand danger, et je ne vois point que la publication des correspondances diplomatiques les
plus secrètes, en offrant un texte piquant aux
commentaires du journalisme, l'ait diminué. Sans
doute le scandale d'une publication récente était
inévitable après les insinuations du journal de
Saint-Pétersbourg, et le tzar a été justement puni
par où il avait péché. On peut regretter toutefois
que les infirmités humaines viennent s'exposer
ainsi au grand jour et contribuer à une déconsi-
dération du pouvoir dont tout le monde ressentira
plus tard les funestes effets. Il y a de nombreux
esprits, et fort distingués, qui attendent d'une
publicité absolue les plus grands bienfaits. Je
n'ose penser comme eux : la publicité ne corrige
rien et généralise tout.

Posons une autre question. Tout État, même et
surtout celui qui se laisse discuter librement, ne
doit-il pas empêcher qu'on ne discute et qu'on
n'outrage les gouvernements étrangers avec lesquels il n'est pas en hostilité?

Dans les affaires internationales, j'en conviens,
les intérêts sont mêlés ; mais ils ne le sont cependant
pas de telle façon qu'on ne puisse les distinguer,
et il paraît assez que les Anglais, dans les ques-

tions les plus générales, ne perdent jamais de vue
les intérêts particuliers de leur pays. C'est là leur
force. Pourquoi ne seraient-ils pas tenus à quelque modération dans l'appréciation des actes consommés ou à venir des cabinets étrangers ? Comment leur est-il permis d'injurier *successivement*,
selon les évolutions rapides de leur politique, tous
les souverains étrangers ? Cela porte, en définitive,
une profonde atteinte à la force morale du pouvoir en Europe. Comment leur est-il permis de
peser sur la politique de ces souverains, en altérant
les faits, en prêtant des motifs, en traçant la marche
à suivre, en mettant les ministres étrangers en demeure de prendre telle ou telle décision, du même
air qu'ils gourmandent leurs ministres à eux, et
parlent toujours de les mettre en accusation sans
jamais en rien faire ! Cette liberté excessive, par
suite d'un long usage, ne fait pas plus de mal à
l'Angleterre que le poison n'en faisait à Mithridate.
Mais, dans les questions internationales, le poison se répand au dehors et compromet l'existence
des États moins préparés à cette alimentation. Les
gouvernements absolus dans leur territoire se trouvent discutés au dehors par des écrivains souvent
hostiles de parti pris ou de situation. La facilité
des communications, les relations multipliées du

commerce, le séjour des nationaux en Angleterre ou ailleurs, sont autant de canaux par où la discussion pénètre dans le pays lui-même; et voilà comment les formes pures de gouvernement s'altèrent et se dissolvent pour faire place à des formes mixtes et sans nom [1].

De tous les dissolvants qui travaillent l'Europe, la presse anglaise est sans doute le plus actif, et celui contre lequel il faudrait d'autant plus se mettre en garde, que, agissant aux dépens de la majorité des États, il profite exclusivement à un seul. Il favorise et provoque cette politique d'immixtion pratiquée par l'Angleterre depuis que les guerres contre Napoléon l'ont si fortement engagée dans les affaires de l'Europe, et la prépondérance croissante qu'il lui assure est peut-être contraire au principe de l'équilibre européen. C'est un point sur lequel il serait inopportun de s'étendre aujourd'hui. Il suffit de le signaler.

Tels sont les faits multiples, contradictoires et nouveaux au milieu desquels la question d'Orient vient de se produire. De cette confusion, il est

1. On a dit que la France d'avant 89 était une monarchie tempérée par des chansons. On ne sait trop, par exemple, ce qu'est la Prusse aujourd'hui. C'est peut-être une monarchie tempérée par des systèmes de philosophie.

sorti, ce qui devait en sortir, en l'absence de
grands principes capables de créer et maintenir
l'harmonie européenne, *la guerre*. En cherchant à
savoir comment l'Autriche peut ne pas y entrer et
comment l'Europe pourrait en sortir, nous nous
sommes préoccupés surtout des intérêts collectifs
européens. Ce ne sont pas les seuls qui nous
touchent, mais ce sont ceux qui nous touchent
d'abord, parce qu'au-dessus d'une patrie limitée
par des frontières, nous sentons une patrie commune limitée par la civilisation, la *patrie européenne*. Le mot est récent, mais il exprime un
vieux et bon sentiment. Depuis longtemps, on a
dit, et le moment est venu de répéter que les nombreux États, débris de l'empire romain, forment
ensemble une république. Le plus grand des Européens modernes a donné la formule de cette vérité
en appelant les guerres d'Europe *des guerres civiles*.
Pourquoi faut-il donc regretter le retour si fré-
quent de ces guerres civiles ? L'empire romain qui
nous a légué les meilleurs éléments de notre civilisation, nous a légué aussi la cause principale de
ces luttes sans cesse renaissantes, son image
même et le souvenir de ce qu'il a été. Sa grande
figure restera comme l'idéal des établissements
politiques, et sera longtemps encore le but avoué

ou secret des rois prépondérants. Tous ont voulu
le reconstituer avec des chances et des succès
divers : Charlemagne, Grégoire et Innocent, Char-
les-Quint, Louis le Grand, Napoléon. Il ne semble
point que cette héroïque, mais funeste tentative
puisse être renouvelée avec plus d'avantages dans
les moyens, ni plus de réussite dans les fins. Qu'on
y renonce donc. Ce n'est point par l'unité , contre
laquelle protestent les parties, c'est par l'harmonie,
à laquelle toutes les parties sont intéressées, que
l'Europe doit retrouver cette paix profonde dont
elle a perdu jusqu'au souvenir depuis les beaux
jours de l'empire romain. C'est par l'expansion et
le rayonnement de ses forces au dehors , et non
par des froissements intérieurs qu'elle doit poursuivre l'accomplissement de ses destinées. Si la
guerre est dans son tempérament , qu'elle la porte
du moins chez les *barbares*. Que la Russie, au lieu
de couler indéfiniment de l'est à l'ouest , s'arrête
enfin puisqu'elle est assez engagée en Europe pour
puiser aux sources de notre civilisation et civiliser
l'Asie ; que l'Angleterre continue à être le facteur
de l'univers et à porter , partout où l'homme peut
pénétrer , le nom européen; que la France verse
en Afrique le trop plein de ses forces ; que l'Allemagne cesse d'être un foyer de révolutions, pour

rester ce qu'elle a été ; un foyer de science et d'é-
rudition ; que l'Italie , enfin ; tâche de faire encore
de bons opéras. Voilà la division du travail européen, et voilà la paix.

Tels sont les vœux qu'on forme ici, et à la réalisation desquels on ose croire malgré la difficulté
des temps.

III.

Caractère de la guerre d'Orient.

Si la guerre ne coûtait rien ; les hommes s'y
livreraient comme à un exercice de prédilection.
Elle correspond en effet aux instincts les plus vi-
vaces de la nature humaine , à son besoin d'émo-
tions fortes ; de mouvement et de distinctions. Les
enrôlements volontaires , la chevalerie errante et
les tournois montrent au vif cette disposition organique. On veut des adversaires pour les battre, des
compagnons pour les surpasser, des périls pour les
braver. Voilà la guerre allumée.

Mais ce qui ne plaît à personne, c'est de délier
les cordons de la bourse. Or, chez les peuples

civilisés, où tout est si compliqué, l'armement et l'entretien des troupes sur pied de guerre exigent des sommes considérables. Il faut imposer des sacrifices aux peuples déjà épuisés par le budget des services publics. Dans quelques pays, il faut faire voter ces ressources à des assemblées de propriétaires. Cela crée des difficultés. Voilà la paix rétablie, et l'on n'en sort qu'à la dernière extrémité. C'est là du moins la pratique qui semble devoir être adoptée dans ce siècle. Tandis qu'autrefois les princes attendaient qu'ils fussent au lit de mort pour se repentir inutilement d'un goût trop vif pour la gloire des armes, et recommandaient *in extremis* à leurs successeurs de ne point s'engager dans les périlleuses entreprises dont le mobile est l'ambition, et le but la conquête, nous avons vu tout à l'heure un prince, au lendemain d'une provocation, dans le plein de sa force et de sa carrière, faire de cette maxime le généreux programme de sa politique.

Sans doute, s'il fallait absolument choisir entre les deux excès de paix et de guerre, entre la République romaine qui tourmente tous ses voisins, et le Bas-Empire qui achète à prix d'or le respect vénal de ses frontières, on donnerait la préférence à la République, parce que la guerre déve-

loppe les passions généreuses qu'étouffent les intérêts commerciaux de la paix, et parce qu'elle favorise l'épanouissement des beaux-arts[1]. Mais il est,
ce semble, une voie moyenne, celle de Cinéas,
d'Auguste, d'Hadrien, du grand Frédéric ; celle de
notre temps, c'est-à-dire celle de la sagesse, qui
pose en principe qu'il n'est de guerres véritablement justes que les guerres *nécessaires*.

On est d'accord sur le principe, mais on peut ne
pas l'être sur les conséquences. Quand la guerre
est-elle nécessaire? A cette question, les gouvernements appréciateurs des circonstances peuvent
seuls répondre. Montesquieu reconnaît à un État
qui se sent menacé par le développement de son
voisin, le droit de lui déclarer la guerre, sans attendre l'attaque. D'un autre côté, un État attaqué
sur un point, ou lésé par la violation d'un traité, a
très-certainement le droit de s'abstenir ; soit qu'il
lui faille pourvoir à quelque difficulté plus pres-
sante, soit qu'il veuille temporiser, ramasser ses
forces, laisser à l'agresseur le temps de commettre

---

1. Religion, guerre, amour, trois sources de la poésie. Le
reste n'est que de la prose. — Sur ces boulevards de Paris, où
la civilisation du XIXe siècle étale tous ses colifichets, l'étranger ne rencontre que trois belles choses, la porte Saint-Denis,
la porte Saint-Martin, la Madeleine : trois monuments de
guerre.

des fautes; etc.; etc. Convenons donc; qu'à part
l'hypothèse d'un traité d'alliance offensive et défensive qui oblige rigoureusement et immédiatement;
quoi qu'il puisse advenir; la guerre n'est jamais
nécessaire qu'autant qu'elle est opportune ; que la
règle suprême réside dans les circonstances ; que
le droit de faire la guerre peut coïncider avec le
devoir de ne la faire pas ; que si l'on peut poser en
principe que le droit de la guerre *dérive*, pour employer les expressions de Montesquieu; *de la nécessité et du juste rigide*; il est d'ailleurs impossible
d'indiquer *à priori* dans quels cas se rencontre la
stricte nécessité. Or, un principe n'étant rien sans
les applications; et les applications ne pouvant être
faites que par les princes et point du tout par les
professeurs; il résulte; de tout ceci; que le gouvernement des peuples, dans sa partie la plus haute;
n'est point une science, mais un art où l'artiste;
qui est homme, doit s'inspirer à la fois des raisons
d'utilité et des sentiments d'humanité que chacun;
grâce à Dieu, trouve au dedans de soi.

Examinons, d'après ces données, la conduite des
divers gouvernements dans la guerre d'Orient. La
Russie, à coup sûr, n'était point menacée par l'excessif développement de la puissance turque. C'est
elle au contraire qui menace l'Europe par l'accrois-

sement continu de ses forces, et surtout par sa ten-
dance aux empiétements de toute nature. Elle attaque le sultan, mais elle n'attaque directement ni la
France ni l'Angleterre. Qui ne reconnaît dès lors,
dans la guerre que ces deux puissances vont lui
faire, cette guerre de sûreté et de *prévoyance* que
les gouvernements peuvent entreprendre à leurs
risques et périls, en vertu du droit que l'on a d'attaquer pour se défendre? Toute autre considération
n'est que secondaire. Il y a un prince jeune et dé-
bile à soutenir; cela est honnête. Il y a une tentative de restauration gouvernementale à opérer en
Turquie; cela est bon. Mais il y a avant tout et
par-dessus tout à contenir un souverain puissant,
ambitieux et habile, que les préjugés grandioses de
sa race poussent à la conquête du monde[1]; il y a
Constantinople, la capitale toute faite de cette monarchie préméditée, à protéger contre la convoitise des
Romanoff; il y a enfin la liberté de l'Europe à sauvegarder par son équilibre. Et quand bien même la

---

[1]. On connaît le testament de Pierre le Grand. Ce qui est moins
connu, c'est la réponse d'Iwan IV au roi de Danemark, qui lui
offrait sa médiation dans un différend avec le roi de Pologne. Il
la refusa parce qu'il était au-dessous de lui, *issu de l'empereur
Auguste*, de traiter avec un roi élu et de race obscure. C'est ce
même Iwan qui prit le titre de *czar*, corruption du mot *César*,
dont Alexis Comnène aurait, dit-on, salué Wladimir II.

cause des Turcs serait injuste autant qu'elle est juste; quand ils auraient manqué à leurs engagements envers la Russie, comme ils ont manqué à leurs engagements envers la France; quand ils auraient été violents et précipités, autant qu'ils ont été modérés et disposés aux transactions; quand bien même ils seraient incapables de toute régénération et décidément méprisables, la guerre d'Orient serait encore politique et juste parce qu'elle est nécessaire.

C'est une guerre de salut public, dit-on. Et l'on a raison. Mais tirons nos conséquences. Dans une guerre de cette nature, qui repose sur une *appréciation*, chaque gouvernement européen reste naturellement maître d'apprécier aussi l'utilité de son concours; il est seul capable de bien apercevoir ce que son intérêt particulier représente dans l'intérêt général. Il doit pouvoir agir par sa diplomatie, ou par ses armes, selon l'occurrence et selon les besoins de la cause. Aucun traité synallagmatique ne liant les États avant l'événement, chacun d'eux doit, avant de s'engager irrévocablement dans la ligue, se rendre un compte bien exact de l'opportunité de son accession; et s'il jugeait que son accession même dût précipiter le cours des événements, de telle façon, qu'ils devinssent préjudiciables à lui ou aux autres, son devoir serait de s'abstenir.

C'est le cas de l'Autriche. Elle a reconnu que les prétentions de la Russie étaient inadmissibles. Elle reconnaît peut-être aussi que l'Europe est menacée, mais sur un point où les forces réunies de la France et de l'Angleterre doivent suffire à la protéger. Dès lors un concours militaire n'étant pas indispensable au succès des opérations, Sa Majesté Impériale et Royale peut attendre et ne considérer pour agir, soit par les armes, soit par les négociations, que l'intérêt de sa couronne et la sécurité de ses peuples. Ce droit de neutralité semble évident. On le lui conteste pourtant, au nom du traité de 1841.

Mais si ce traité établit une solidarité complète entre les puissances cosignataires, je demande pourquoi la France et l'Angleterre signent à Constantinople un traité d'alliance avec la Porte?

Pénétrons toutefois plus avant dans cette objection.

IV.

Le traité de 1841.

Il ne paraît pas nécessaire de raconter ici les événements qui ont amené les grandes puissances à signer, en 1841, *la convention des Détroits*, que l'on désigne maintenant par sa date. L'auteur de ce travail suppose les faits connus : il les rappelle seulement pour les apprécier et en tirer des conséquences.

Le grand, on pourrait presque dire, le seul avantage de cette convention a été de rétablir, dans le moment, l'harmonie européenne, qu'un regrettable malentendu avait compromis en Orient. Au fond, et dans la pensée d'un des signataires au moins, le traité de 1841 n'a été que l'ajournement indéfini d'une liquidation à laquelle personne n'était préparé. On souhaitait vivement la pacification du Levant. C'était là, ce semble, le sentiment général, et surtout celui de l'Autriche, à qui les troubles de Syrie avaient du premier coup fait perdre 32 millions de florins sur les effets publics et les

actions industrielles. Les puissances allemandes ne
s'étaient engagées qu'avec répugnance dans la coalition. Toutefois, ayant signé la convention du
15 juillet 1840, et ne pouvant en sortir à bon
marché que par le rétablissement immédiat du concert européen, elles s'interposèrent et jouèrent leur
rôle naturel dans les affaires d'Orient, le rôle de
médiatrices. Elles obtinrent que l'on transigeât. Sur
quelles bases? on va le voir.

Tout le monde connaît la définition que M. de
Talleyrand a donnée de la parole, et tout le monde
la trouve charmante et détestable. Cependant, quand
pour vivre en paix les hommes n'ont plus qu'un
moyen, celui de ne pas dire tout à fait ce qu'ils pen-
sent, peut-être n'ont-ils pas tort de l'employer. C'est
ce qu'on fit au *foreign-office* en 1841.

Puisque les puissances ne voulaient tolérer en
Turquie ni démembrement, ni déplacement dans
le centre de gravitation politique, elles voulaient,
par conséquent : 1° *l'intégrité* du territoire ; 2° *l'indépendance* du sultan. Mais il était impossible de
formuler ces deux principes dans la convention à
intervenir. Cela eût été désobligeant pour Sa Hautesse cosignataire et, en outre, contradictoire. Une
indépendance qui reposerait sur un traité à six,
serait cinq fois dépendante, c'est-à-dire n'existerait

pas. D'un autre côté, la conservation intégrale du territoire, si elle avait été stipulée, excluait encore l'indépendance; car un souverain indépendant doit conserver le droit de pouvoir proposer un démembrement ou un échange territorial, ou la cession d'une portion de sa souveraineté sur une portion de ses sujets, etc., etc. Enfin une raison, tirée de la situation même, s'opposait à ce qu'on formulât le principe de l'intégrité : c'est qu'il aurait soulevé la question de l'Algérie et fait surgir de nouvelles et insurmontables difficultés. Comment réussit-on à éviter tous ces écueils ? Le voici.

On exhuma une vieille pratique de la Porte, qui consiste à interdire aux vaisseaux de guerre étrangers, même en temps de paix, le passage des Dardanelles et du Bosphore. Cette mesure de défiance, assez naturelle de la part d'un peuple dont la bonne foi proverbiale n'a pas toujours été payée de retour, fut transformée en règle de l'empire, d'une application *générale et permanente*, comme dit le protocole, et l'on en fit la lettre du traité de 1841. Sa Hautesse s'engageait à maintenir cette règle; les cinq puissances cosignataires, à la respecter[1].

Pour la Prusse et l'Autriche, cela était facile,

1. Voir à la fin du volume, p. 115.

puisqu'elles n'ont que peu ou point de flotte à envoyer aux Dardanelles. En ce qui concerne les trois
autres puissances, les conséquences immédiates de
la convention étaient différentes et respectivement
fort inégales. L'interdiction du passage des détroits,
qui protégeait exclusivement la Sublime Porte et
ses provinces maritimes de l'Euxin quand elle était
maîtresse de tout le littoral, dans le fait, en 1841,
protégeait non – seulement Constantinople, mais
encore la Russie, et livrait indirectement au tzar la
pleine possession de la mer Noire.

Quoi qu'il en soit, cette transaction parut ac-
ceptable. On crut avoir sauvegardé l'empire, en
couvrant la capitale du côté de la mer. Chacun
pensa, ou voulut croire, qu'il avait obtenu de son
compétiteur l'engagement de respecter la Turquie
en respectant ses détroits. La convention fut signée
et la paix rétablie. C'était là ce qu'on voulait. Mais
il importe de noter que la conservation intégrale
du territoire ottoman, dans l'avenir, ne résultait en
aucune façon de la *lettre* du traité. Sa Hautesse,
sans cesser d'y rester fidèle, pouvait se laisser
prendre une province, et une puissance signataire
la lui ravir, sans violer non plus la règle maritime
des Dardanelles et du Bosphore. La Russie pourrait
même arriver par terre à Constantinople, et faire

disparaître l'empire ottoman de la surface du globe, sans que le traité des Détroits ait reçu la moindre atteinte. Remarquons, en outre, que les cinq puissances cosignataires, en promettant d'observer la règle des Détroits, ne s'engageaient nullement à la faire respecter. Et qui d'ailleurs irait attaquer l'empire turc par le seul endroit où il est invulnérable, tandis qu'il est à découvert de tous les autres côtés? Ainsi, pour le sultan, l'obligation de maintenir une règle qu'il observait de lui-même ; pour les puissances chrétiennes, l'obligation de s'abstenir de ce qu'elles n'avaient pas intérêt de faire : voilà, sur quelles bases insignifiantes les plénipotentiaires de 1841 ont réussi à rétablir la paix compromise. Elle a duré pendant treize années cette paix si fragile. Rendons grâce à la diplomatie, puisque, avec si peu de chose, elle procure de si grands bienfaits.

Ces observations font voir clairement, si je ne m'abuse, que le traité de 1841 n'impose à aucune puissance cosignataire l'obligation stricte de voler au secours de l'empire ottoman quand il est attaqué. Si la France et l'Angleterre le font aujourd'hui, c'est qu'elles le jugent bon pour l'Europe et pour elles; ce n'est pas qu'elles soient tenues de le faire. En un mot, elles usent d'un droit; elles n'accomplissent pas un devoir. Si elles s'opposent justement, par les armes, aux prétentions du tzar, ce n'est pas en vertu du traité de 1841, qui n'a pas été violé ; c'est en vertu d'un droit bien supérieur, le droit de faire des traités d'alliance avec les États que l'on veut protéger, et le droit de s'opposer, par des mesures *préventives*, aux empiétements d'une puissance dont l'extension compromet déjà l'équilibre européen. De leur côté, l'Autriche et la Prusse, tant que le tzar Nicolas n'aura point décidément et clairement méconnu le principe dominant de notre droit public, d'après lequel *aucun État ne peut, sans s'être concerté préalablement avec les autres, changer ses frontières*, règle bien autrement importante, générale et permanente que celle des Détroits, l'Autriche et la Prusse seront autorisées à ne point déclarer la guerre à la Russie.

L'occupation des provinces danubiennes, telle qu'elle s'est produite jusqu'à présent, n'est point une violation formelle de ce principe fondamental de l'Europe. Le tzar, tout en la consommant, a déclaré explicitement que sa volonté était de ne point démembrer la Turquie[1]. « Les assurances

---

1. « Je crois superflu de vous dire qu'il n'y a pas un mot de vrai dans la prétention que les journaux nous ont prêtée de réclamer, soit un nouvel agrandissement de territoire, soit un règlement plus avantageux de notre frontière asiatique. » (Circulaire de

données à plusieurs reprises par S. M. l'empereur de Russie, excluent de la part de cet auguste souverain l'idée de porter atteinte *à l'intégrité de l'empire ottoman.* » Ce sont les termes du protocole de la conférence tenue à Vienne le 5 décembre 1853. Or, à cette époque, les principautés étaient déjà occupées par les troupes russes. Depuis, l'occupation n'a pas changé de caractère. L'Autriche est donc recevable aujourd'hui, comme la France et l'Angleterre l'étaient il y a trois mois, à voir dans cette occupation un fait de guerre provisoire et non pas une annexion définitive. Si les troupes russes passent le Danube, cette opération, toute

M. le comte de Nesselrode, en date du 30 mai 1853.) « Nous l'avons dit et nous le répétons : l'empereur ne veut pas plus aujourd'hui qu'il ne l'a voulu dans le passé renverser l'empire ottoman, et s'agrandir à ses dépens. » (Circulaire du 20 juin suivant.)

« Après avoir épuisé toutes les voies de la persuasion, et tous les moyens d'obtenir à l'amiable la satisfaction due à nos justes réclamations, nous avons jugé indispensable de faire entrer nos troupes dans les principautés danubiennes, afin de montrer à la Porte où peut la conduire son opiniâtreté. Toutefois, *même à présent*, notre intention n'est point de commencer la guerre. *Par l'occupation des principautés, nous voulons avoir entre les mains un gage qui nous réponde, en tout état de cause, du rétablissement de nos droits.*

« Nous ne cherchons point de conquêtes : la Russie n'en a pas besoin. » (Manifeste du tzar, publié le 26 juin, le lendemain du jour où l'ordre fut donné aux troupes de passer le Pruth.)

stratégique, ne modifiera pas davantage le caractère
de l'occupation danubienne : elle restera un *gage*.
La France et l'Angleterre en ont un aussi et meilleur ; elles sont à Constantinople, devant Sévastopol,
et seront bientôt devant Cronstadt. En présence de
cette situation et de ces gages réciproques, l'Autriche peut attendre et provoquer par son intervention officieuse, les transactions accoutumées entre
détenteurs-gagistes et propriétaires.

Dans cette seconde, comme dans la première
phase de sa médiation, elle agira en tant que
grande puissance, avec laquelle il faut compter,
beaucoup plus qu'en tant que puissance signataire
du traité des Détroits, convention qui, ainsi que
nous l'avons constaté, lui laisse toute la liberté de
ses mouvements.

Si le droit pour l'Autriche d'intervenir par les
moyens purement diplomatiques n'est pas suffisamment établi par tout ce qui précède, j'invoquerai
à l'appui de mon opinion une plus forte autorité,
et quelques fragments de la correspondance de Son
Excellence M. Drouyn de Lhuys enlèveront, j'es-
père, toute espèce de doute. Le 5 juin 1853, dans
une lettre à M. le comte Walewski, M. le ministre
des affaires étrangères déclarait « que les gouvernements qui ont signé la convention du 13 juil-

let 1841; demeureront libres de s'associer à la
France et à l'Angleterre *dans la forme et selon les
moyens* qu'il leur conviendra d'employer. » Le
7 octobre suivant, dans une dépêche de M. le
baron de Bourqueney, après avoir rappelé que,
dans sa conduite depuis l'origine du différend,
S. M. l'empereur Napoléon n'avait eu qu'un mobile, l'intérêt général de l'Europe; qu'un but, la
conservation de l'empire ottoman, M. Drouyn de
Lhuys ajoutait :

« Nous avons cru que l'accord des grands cabinets était le meilleur moyen de sauvegarder cet
intérêt et d'atteindre ce but; *mais nous nous sommes
toujours réservé notre liberté d'action*, et la part que
nous avons prise aux négociations n'a nullement
aliéné notre droit de concourir, *sous une autre
forme*, à la protection d'un État qui ne saurait ni
disparaître ni s'affaiblir sans modifier sensible-
ment les rapports actuels des puissances. » Comment, si la France réservait ainsi, et disons-le,
fort légitimement, le droit de couper court aux négociations, comment l'Autriche n'aurait-elle pas
celui de les renouer et de les mener cette fois, s'il
est possible, à meilleure fin ? Il ressort évidemment, de cette dépêche, qu'une évolution dans
l'attitude de la France et de l'Angleterre n'entraîne

point; comme conséquence forcée, une évolution pareille dans l'attitude des puissances allemandes.

En résumé, un but commun, des moyens différents : voilà le droit. Passons au fait.

V.

De l'hypothèse d'un traité secret entre l'Autriche
et la Russie.

Les gouvernements absolus agissent dans le secret. C'est là leur force; mais c'est aussi leur faiblesse. On préjuge leurs actes. On les discute sans les connaître. Rien n'arrête les hommes d'imagination.

Depuis l'immense service rendu par le tzar à l'Autriche, on s'est demandé s'il n'était point intervenu, soit avant, soit après la guerre de Hongrie, une convention par laquelle le jeune empereur, remis en possession de ses États, aurait contracté envers son puissant allié, une autre obligation que celle de la reconnaissance. Quelque peu fondées que soient les conjectures émises à cet égard, il faut les examiner. Après avoir montré que le traité patent de 1841, ne lie point l'Autriche à la Turquie, c'était la *thèse*, nous allons essayer de montrer qu'aucun traité secret ne la lie à la Russie : c'est l'*antithèse*. Il est indispensable de la poser, pour déduire clairement la *synthèse*, c'est-à-dire *la complète liberté d'action de l'Autriche dans la guerre d'Orient*.

Rien n'est plus difficile que de prouver l'existence d'un traité secret, si ce n'est peut-être de prouver qu'il n'existe pas. Le raisonnement propre à ces sortes de démonstrations, c'est le raisonnement creux. Mais quand ces raisonnements sont faits par un ambassadeur dont les dépêches sont jetées en pâture à l'opinion publique, ils prennent dès lors une certaine gravité.

Sir Hamilton Seymour, dans une lettre en date du 21 janvier 1853, écrivait à lord John Russell, après une conversation où le tzar avait montré beaucoup plus d'abandon que de prudence : « Il ne saurait y avoir de doute qu'un souverain qui insiste avec une telle opiniâtreté sur la chute imminente d'un État voisin, n'ait arrêté dans son esprit que l'heure est venue, non pas d'attendre sa dissolution, mais de la provoquer. J'ai pensé alors, comme je le pense encore, qu'on n'aurait pas hasardé une telle hypothèse, s'il n'existait pas quelque entente, peut-être générale, mais dans tous les cas intime, entre la Russie et l'Autriche. »

Cette observation très-naturelle de la part d'un ambassadeur vis-à-vis de son gouvernement à qui il doit compte de toutes ses impressions, cette conjecture, transmise au public, a corroboré à tort dans beaucoup d'esprits l'idée d'une convention secrète, de forme quelconque, ayant en définitive pour résultat, de lier les mains de l'Autriche. Cette idée s'appuyait aussi sur l'assurance donnée par le tzar, et réitérée dans cette même conversation, que l'Autriche *n'avait et n'aurait pas d'autre politique que la sienne.* Enfin, les nombreuses entrevues de Varsovie et d'Olmütz, l'accord parfait des deux cours, leurs démarches combinées dans l'affaire des réfugiés et dans celle du Monténégro, les lenteurs de l'Autriche au début des conférences, venaient encore, quoique sans motif précis, fortifier des conjectures souvent inspirées par la malveillance.

La cour de Vienne aurait sans doute un bon moyen d'y répondre en accédant immédiatement à l'alliance contre la Russie ; on le lui donne suffisamment à entendre, et sur tous les tons. Mais cette politique d'entraînement ne lui est point fa-

5

milière. Son action diplomatique lors des négociations ultérieures prouvera, et dès aujourd'hui
le caractère de sa neutralité prouve aux esprits
clairvoyants et impartiaux qu'elle n'est liée à la
Russie par aucun engagement.

Et quand donc, je le demande, cet engagement
aurait-il été pris? Si c'est avant la pacification de
la Hongrie, il semble que S. M. l'empereur Nicolas
y était personnellement trop intéressé, pour mar-
chander un secours, d'ailleurs tout à fait conforme
à la nature des rapports qui n'ont cessé d'exister
entre sa maison et celle d'Autriche depuis le fameux
pacte de sainte alliance, dont le but fut d'établir
une société de secours mutuels entre les signataires. Si c'est après la capitulation de Vilagos
et le rétablissement de l'ordre, la monarchie autrichienne a montré, au lendemain même de ses revers,
trop de vitalité, et les hommes qui la gouver-
naient étaient de trop bonne trempe, pour que le
tzar ait pu se poser en maître qui dicte ses volontés.

Mais comment expliquer l'assurance donnée par
lui que l'Autriche ne s'opposerait point à ses pro-
jets en Orient? Aurait-il voulu sciemment induire
en erreur sir Hamilton, et, l'Autriche absente,
affecter un protectorat de circonstance? Loin de
nous cette pensée. Nous croyons qu'il y a eu de la

part du tzar, dans toute cette affaire d'Orient, plus
de fausseté dans les vues que dans les procédés.
Nous croyons qu'avec le désir de peser sur les résolutions de l'Angleterre, il a pu se tromper lui-
même et attribuer, à l'entente qui l'unissait alors à
l'Autriche, une portée qu'elle ne pouvait avoir. Il a
pu croire que l'Autriche, vivement froissée par la
Sublime Porte dans la question des réfugiés, se join-
drait à lui, ou tout au moins, ne ferait aucune opposition à tout ce qui pourrait diminuer à Constantinople l'influence anglaise, si prépondérante
dans les mains de lord Stratford. Enfin, il a pu
appliquer, *par erreur*, au règlement spécial de la
succession ottomane, une entente relative à un
objet plus général. Je m'explique.

La prévision d'une recrudescence révolutionnaire dont l'élection présidentielle de 1852 devait
être et n'a pas été le signal; l'établissement subsé-
quent de l'empire en France, dans des conditions
de popularité qui donnaient une force immense au
gouvernement nouveau, avaient, en ouvrant la
perspective de graves éventualités, resserré le lien
déjà si intime entre les deux cours d'Allemagne et
celle de Russie. Des défiances dont on est bien revenu provoquèrent l'adoption d'une marche commune. L'accord fut même jugé si nécessaire que la

Prusse et l'Autriche dénouèrent vivement, par une transaction imprévue, la question douanière qui avait failli les mettre aux prises. Nul doute que le tzar n'ait habilement profité de ce concert pour introduire dans l'action générale quelques mesures relatives à la Turquie, qui s'était trouvée fortement mêlée aux affaires européennes, depuis que les réfugiés, en grand nombre, avaient trouvé un asile sur son territoire, dans ses villes et jusque sous ses drapeaux. Nul doute aussi que ces combinaisons accessoires n'aient été admises par les cabinets de Vienne et de Berlin. Mais ces ententes préalables, quelles qu'elles aient été, ces plans, quels qu'ils soient, dressés en vue d'éventualités révolutionnaires ou politiques qui ne se sont point réalisées, ne peuvent évidemment pas régler aujourd'hui la conduite des puissances allemandes dans un conflit né de circonstances tout à fait différentes.

Il nous semble en outre que S. M. l'empereur Nicolas, sans vouloir tromper la bonne foi de l'ambassadeur anglais et sans vouloir davantage humilier l'Autriche et parler d'elle en suzerain, a pu s'exagérer, je ne dirai pas la portée du service rendu par lui, il est immense, mais l'étendue de la reconnaissance qui lui est due. Il a pu croire qu'après avoir pacifié la Hongrie, sans laquelle l'Autriche ne serait plus qu'un royaume, on ne s'opposerait point à ce qu'il prît, en Turquie, ce qu'il appelle le rôle d'un simple *dépositaire*. Il se trompait. La reconnaissance chez un souverain ne saurait dominer la raison d'État. Les services rendus, l'alliance ancienne, la communauté des principes, peuvent ajouter à toutes les raisons plus fortes qui commandent à l'Autriche une attitude provisoirement neutre et modérée à son égard. Elle reste libre toutefois d'en changer quand les circonstances le commanderont; et si la politique du tzar portait définitivement atteinte à l'équilibre territorial de l'Europe, ou directement préjudice aux intérêts particuliers de l'Autriche, le jeune empereur se souviendrait de ces vers du grand Corneille :

> . . . . . Vous lui devez beaucoup.
>
> . . . .
> Mais la reconnoissance et l'hospitalité
> Sur les âmes des rois n'ont qu'un droit limité.
> Quoi que doive un monarque, et dût-il sa couronne,
> Il doit à ses sujets encore plus qu'à personne.
>
> . . . .
> S'il est juste d'ailleurs que tout se considère,
> Que hasardoit Pompée en servant votre père?
> Il se voulut par là faire voir tout-puissant,
> Et vit croître sa gloire en le rétablissant.

VI.

Les réfugiés, le Monténégro et le protectorat des Grecs.

La question des réfugiés, l'affaire du Monténégro et la guerre actuelle sont les trois anneaux
d'une même chaîne. Les difficultés relatives aux
sanctuaires de Jérusalem, bientôt aplanies par
l'extrême modération du gouvernement français,
n'ont été qu'un prétexte, ajouté à tous les prétextes
déjà mis en avant par le tzar Nicolas, pour intervenir dans les affaires de la Turquie. L'Autriche que
son intérêt particulier avait d'abord fait marcher
dans le même sens que la Russie a reconnu, depuis
l'ambassade de M. le prince Menzikoff, combien
il importait qu'elle s'arrêtât dans la voie où elle
s'était engagée. Toutefois, en brisant avec la Russie, on sent bien qu'elle ne peut prendre, vis-à-
vis de son ancienne alliée, une attitude aussi
énergique que la France et l'Angleterre. La con-
formité de ses actes précédents, et, si j'osais le
dire, sa complicité involontaire avec la Russie, lui
imposent le devoir d'employer, aussi longtemps
que cela sera possible, les moyens purement diplo-

matiques pour ramener le tzar Nicolas dans la
ligne du devoir, c'est-à-dire de l'ordre européen.
Cette considération, toute de prudence et de tempérament politique, est la première, sinon la plus
importante, de celles qui dictent à l'Autriche, dans
les conjectures présentes, son rôle de neutralité
armée et de médiation. Qu'il me soit permis de
justifier ceci par l'examen des faits, de leur nature
et de leur enchaînement.

On sait de quelle déroute a été suivie la surprenante victoire de 1848. Les hommes que la langueur ou l'incapacité des princes avaient laissé
pénétrer, l'arme au bras et par effraction, dans le
gouvernement, furent bientôt victimes du mouvement désordonné qu'ils avaient imprimé à la société et réduits à battre en retraite devant une
grande et terrible réaction. Tout ce qui put échap-
per à la rigueur des pouvoirs restaurés, se réfugia
en Angleterre, en Belgique, en Suisse, en Turquie,
comme dans quatre asiles. Les chefs retrouvèrent
leurs soldats; les soldats reconnurent leurs chefs,
et, comme la révolution n'abdique pas, les co-
mités s'organisèrent, les forces furent comptées,
les moyens pris pour les accroître. Le gouvernement de l'Europe fut constitué *in partibus*. Ce gouvernement eut sa centralisation, son budget, se li-

vra aux opérations financières les plus raffinées, émit des actions, décréta des emprunts, et, chose singulière, trouva des prêteurs. La facilité des communications, les canaux multipliés du commerce, les journaux, la correspondance particulière permirent de renouer le lien des sociétés secrètes[1] et de reprendre en grand cette pratique de l'opposition, plus facile que celle du pouvoir.

Le gouvernement anglais toléra que Londres fût la capitale de cette Europe utopique. C'était de sa part, on en conviendra, pratiquer les devoirs de l'hospitalité un peu mieux peut-être que ceux de la paix internationale.

L'antiquité, qui n'a point poussé si avant que les modernes dans les distinctions, confondait volontiers le condamné politique et le condamné ordinaire. On se faisait alors de l'État une idée fort simple, et s'il était attaqué, peu importait que ce fût dans son code civil, criminel ou politique. D'ailleurs les troubles des républiques anciennes ayant presque toujours pour cause les rapports de

1. Comment la liberté sortirait-elle des révolutions? Les hommes qu'elles font arriver au pouvoir ne sont familiarisés qu'avec les pratiques occultes et despotiques des sociétés secrètes, où le dogme de l'obéissance passive est bien autrement en vigueur que dans les armées; où l'on obéit même à des chefs inconnus et invisibles.

créanciers à débiteurs, pour but immédiat la remise des créances sans payement et le partage des
biens, l'assimilation était assez naturelle. On convient qu'elle serait aujourd'hui fort déplacée. Les
peines sont différentes, les procédures le sont aussi.
On estime, en quelque façon, l'homme qui risque
sa tête dans les luttes politiques, mais on trouve
aussi qu'il est très-dangereux, parce qu'il est difficile de l'atteindre; parce qu'il travaille, sans le
vouloir, au renversement général de la société,
qu'un malfaiteur vulgaire ne trouble que sur un
point; parce qu'il excite les sympathies; parce
qu'une bonne police répare et prévient facilement
les délits, tandis qu'il faut des années pour fermer
les plaies d'une révolution.

Cela posé, est-il conforme à l'ordre européen,
que des États encouragent des étrangers bannis à
se réunir dans un autre but que celui de se soutenir mutuellement et de penser tout haut à la patrie
absente? Est-il convenable qu'ils leur permettent,
quand cette patrie est là tout près, à quelques heures de distance, à la frontière, de se concerter en
vue de certaines éventualités, de s'enrégimenter,
d'imprimer des manifestes, de prononcer des dis-
cours, de publier des journaux, de s'approvision-
ner en fusils, poudres, deniers, proclamations et

autres engins révolutionnaires? Que les réfugiés
cherchent à s'éloigner le moins possible du pays
natal pour y entretenir leurs relations civiles et do-
mestiques, rien de mieux : tout ce qui pourra
adoucir les peines de l'exil en ne faisant courir à la
tranquillité publique aucun danger est réclamé, je
crois, par tout le monde. Mais que les réfugiés
conservent leurs relations politiques et se créent
de nouveaux moyens d'action sur leurs conci-
toyens, cela est inadmissible, indépendamment de
toute opinion politique, parce que cela est contraire
au principe général qui domine l'art de la politique, au principe *conservateur*. Le gouvernement
anglais a trop consenti à voir dans les réfugiés des
citoyens momentanément écartés du pouvoir; il
a souffert que sa capitale devînt un Coblentz révolutionnaire; il a donc outré l'hospitalité.

Les asiles qui protégent le coupable sont mauvais en eux-mêmes, parce qu'ils entravent la répression. Ceux qui offrent au coupable des moyens
de récidive sont détestables. L'Angleterre, considérée comme asile politique, semble rentrer dans
cette seconde catégorie. On se demande par quel
principe de droit international elle peut vivre en
paix avec des gouvernements dont elle souffre que
le renversement soit réclamé et préparé en public,

avec le concours moral et pécuniaire de sa population : c'est là un droit public européen particulier
à la Grande-Bretagne.

Dans l'antiquité et au moyen âge, les asiles
étaient nombreux et les troubles incessants. L'empereur Tibérius [1] les supprima presque tous et
cette mesure salutaire concourut à l'établissement
du calme profond dont l'Europe jouit pendant plusieurs longues périodes de l'empire. Les asiles re-
naquirent avec la décadence; ils se relevèrent quand
tout tomba, et comme c'est le propre des sociétés
mal organisées d'offrir au clergé les moyens de
faire obstacle à l'action du pouvoir civil, il y eut
bientôt autant d'asiles que de lieux religieux. Au

---

1. Le coloriste *Tacite* et le licencieux *Suétone* ont fait à Tibère
une si mauvaise réputation qu'il est vraiment devenu impossible
de l'appeler par son nom, sans soulever toutes sortes de répul-
sions. Il y a deux personnages dans un souverain, l'homme et le
prince, et le second importe aux peuples beaucoup plus que le
premier. En réduisant trop souvent l'histoire aux proportions
d'un confessionnal, Suétone et Tacite, si grands par le style, ont
contribué à répandre beaucoup d'idées fausses sur l'empire romain. Qu'on lise Gibbon. Son livre est un des plus beaux ouvrages
qui soient sortis de la main des hommes et presque digne de son
objet.

En terminant cette note justificative, l'auteur reconnaît som-
mairement que Tibère était un monstre, très-bon administrateur,
et que, pendant son principat, le plus bel ordre régna dans les
finances.

moyen âge, il y en avait partout, et les républiques municipales, en Italie principalement, furent
condamnées à de perpétuelles agitations.

Aujourd'hui, avec les chemins de fer et les bateaux à vapeur, il faut moins de temps pour aller
de Londres à Paris, qu'il n'en fallait jadis pour aller de Thèbes à Corinthe ou de Gênes à Florence.
Si les États en s'agrandissant ont allongé les dis-
tances, la rapidité et la multiplicité des moyens de
transport les ont raccourcies. Les divers peuples
dont l'ensemble forme la république européenne,
sont donc exposés, par la manière dont le droit d'a-
sile est actuellement entendu et pratiqué, au même
danger que les municipalités et autres petits États
de l'antiquité et du moyen âge. Ajoutons que les
réfugiés, continuant leur opposition au pouvoir,
frappent de loin plus sûrement, parce qu'ils frappent à couvert; que, réunis dans une même dis-
grâce, ils mettent de côté les différences d'opi-
nions, les inimitiés personnelles et opèrent des
fusions bizarres; qu'ils agissent en commun avec
des doctrines diverses, et qu'ils sont plus puissants
dans l'exil qui les réunit qu'au pouvoir qui les
divise. Je n'en tirerai point la conséquence qu'ils
faille les y réintégrer. Cette homœopathie politique
serait sans doute fort mal accueillie. Je dirai seule-

ment qu'il y a d'autres remèdes à ce danger, et qu'au moment où l'Angleterre sent le besoin de rallier à la politique de l'Occident tous les gouvernements de l'Europe centrale, le moment serait peut-être venu de jeter, pour l'avenir, les bases d'une convention dont l'objet serait de réglementer la situation des réfugiés chez tous les peuples d'Europe, et de faire qu'ils soient, non point soumis aux lois particulières du pays où ils ont pris asile, mais à des règles générales qui sauvegarderaient à la fois leurs intérêts individuels et les droits des gouvernements établis.

Qu'on ne l'oublie pas : il y a deux grands États prépondérants en Europe, que leur robuste constitution met à l'abri de tous ces dangers et qui spéculent, sciemment ou non, sur les révolutions. L'Angleterre en les fomentant (involontairement) et la Russie en les réprimant. Ces deux États y trouvent le prétexte d'une immixtion également fâcheuse pour le continent. L'Autriche n'en est pas sans doute à s'apercevoir, pour la première fois, que l'intervention du tzar dans ses affaires et dans celles de l'Europe couvre de grands et funestes desseins. Plus exposée qu'aucun autre État, elle a accepté et recherché son concours dans les difficultés qu'il lui a fallu surmonter. Aujourd'hui qu'elle

n'en a plus besoin , elle ne peut, sans commettre une erreur peut-être bien dangereuse, s'a-
bandonner aujourd'hui à l'influence contraire , et
par la neutralité que lui recommandent d'ailleurs
tant d'autres motifs, elle entrera dans une voie
d'indépendance où il sera possible de préparer l'u-
nion future des forces de l'Europe centrale, seule
garantie d'une paix durable. Ce serait une faute
très-grave que d'oublier, en vue de conjonctures
présentes et passagères, les nécessités de l'ordre à
venir. Toutefois je ne m'étendrai pas sur cet article. Le spirituel abbé Galiani disait : « Il n'est
donné qu'à ceux qui ont les bras longs de faire des
digressions. » J'ai doublement raison de revenir à
mon sujet.

Les deux gouvernements d'Autriche et de Russie,
l'un par nécessité, l'autre par besoin de se mêler
des affaires d'autrui , furent de tous les gouvernements ceux qui ressentirent le plus vivement le
danger que faisait courir à l'Europe entière le droit
d'asile tel qu'on en usait. Des mesures furent prises en commun , des démarches combinées et dirigées malheureusement sur un pays et chez un gouvernement où les réfugiés sont moins à craindre
que partout ailleurs. On connaît les réclamations

adressées à la Sublime Porte ; on en connaît aussi
les suites. Je n'apprécierai, par réserve, ni les unes
ni les autres. Je dirai seulement que l'Autriche s'é-
tait peut-être exagéré le danger de l'émigration des
réfugiés en Turquie. Ils étaient jetés là dans un
milieu tout à fait nouveau, dans un vaste isolement
et dans ce calme plat de l'Orient, si propre à faire
naître de sages réflexions. Des mœurs contraires ,
une langue difficile, aucun moyen d'influence,
point de journaux ni de clubs : c'est là surtout que
l'exil est pénible, et c'est là qu'il est peut-être
inoffensif. Les réfugiés qui prennent du service
dans les armées turques, adoptent les pratiques
du Koran, jettent aux orties le froc révolutionnaire
et s'efforcent de devenir bons musulmans. Or,
un bon musulman n'est pas un homme de désordre. Dans l'état présent des choses, il nous semble
que l'Europe n'a qu'à gagner à ces migrations de
réfugiés qui vont s'enrôler sous les drapeaux de la
Turquie. Ces hommes, qu'emporte une âme ar-
dente et inoccupée, y trouveront de quoi alimenter
leur activité. La guerre les usera, et quand on
songe que Rome s'est fortifiée par de semblables in-
corporations, il est permis de penser que la Turquie peut y gagner quelque chose.

Quoi qu'il en soit, l'Autriche, peu sensible à

ces considérations, piquée au vif par la résistance d'un gouvernement vis-à-vis duquel on se plaît trop à croire que les prières sont des ordres, se sentant d'ailleurs appuyée par la Russie, l'Autriche put saisir bientôt l'occasion de montrer son ressentiment. Le Divan venait d'envoyer contre le Monténégro une armée commandée par Omer-Pacha et dont les cadres renfermaient un assez bon nombre de réfugiés. Cette armée, en approchant des frontières de Hongrie, pouvait remuer les feux mal éteints de l'insurrection. C'est du moins ce qu'on pensa à Vienne et ce qui motiva des démonstrations nouvelles dont il importe de bien fixer la nature. On verra alors par quels liens l'affaire du Monténégro se rattache à celle des réfugiés et à la guerre actuelle.

Le Monténégro est un petit pays compris territorialement et politiquement dans l'empire turc, et renfermé dans une enceinte impénétrable, sorte de forteresse naturelle qui lui donne son nom, la Montagne-Noire. La population y végète dans des conditions tout à fait primitives. Tandis que les hommes réclament en France le droit au travail, au Monténégro, ils jouissent pleinement du droit au repos. Les femmes seules cultivent la terre. Il y a une religion, et même deux. Mais la distinction subtile du spirituel et du temporel y est inconnue. C'est l'évêque qui gouverne, et son troupeau étant composé d'Albanais catholiques et de Grecs Serviens, l'évêque va recevoir son investiture épiscopale tantôt à Vienne, tantôt à Saint-Pétersbourg.

Or il arriva, en 1851, que le prince-évêque fit une révolution dans l'État. Il n'avait de goût qu'au métier des armes; les devoirs du sacerdoce lui étaient insupportables : il voulut jeter la crosse et garder l'épée. A Saint-Pétersbourg, on le confirma dans ces bonnes dispositions, et la séparation du spirituel et du temporel fut décidée. Cela fait, le prince monténégrin, désirant regagner d'un côté ce qu'il avait perdu de l'autre, se proclama indépendant.

Le gouvernement turc est un gouvernement blasé, qui consent bien à ce qu'on soit indépendant de fait pendant des siècles, mais dont les vieux instincts de domination se réveillent quand on prétend briser jusqu'au lien nominal de son autorité. Omer-Pacha fut envoyé avec des forces considérables pour réduire le Monténégro. Mission difficile, car dans les montagnes l'artillerie embarrasse et les gros bataillons ne sont d'aucune ressource. La résistance devait être opiniâtre, l'armée séjourner longtemps dans ces provinces limitro-

phes de l'Autriche. C'est alors que cette puissance
crut devoir intervenir et appuyer sa diplomatie par
des démonstrations militaires de la dernière gravité. Un corps d'armée fut rassemblé sur la frontière de Bosnie pour la franchir au besoin, protéger l'empire contre des troubles prévus et les
chrétiens contre les violences turques prémédi-
tées à Vienne. En même temps, M. le général
comte de Leiningen fut envoyé à Constantinople
et y demanda d'une façon péremptoire :

1° L'évacuation du Monténégro et le *statu quo
ante bellum*;

2° Itérativement des mesures concernant les
réfugiés;

3° La répression de sévices dont enfin des chrétiens avaient été victimes ;

4° Le payement d'indemnités dues à des sujets
autrichiens ;

5° L'abandon de deux petits ports, Kleck et
Sotorino, etc., etc.

On voit par combien de points cette mission
allait toucher à l'indépendance du gouvernement
turc et à l'intégrité de son territoire. L'occupation
imminente de la Bosnie, le parti pris de protéger
les chrétiens contre des violences probables, cette
façon de trancher le différend d'un souverain avec

son sujet, étaient évidemment des actes d'intervention qui auraient pu motiver celle des puissances occidentales. Leur abstention s'explique,
du moins en ce qui concerne la France, par le
désir très vif de ne rien envenimer.

La Russie, dans le même moment, ne craignait
pas, elle, d'intervenir dans l'affaire bien moins
considérable des lieux saints, où la France, avec
des droits mieux établis, montrait bien moins de
vivacité que l'Autriche dans celle du Monténégro.
La Russie, opposée aux réclamations fondées de la
France, approuvait tacitement celles de l'Autriche
qui l'étaient moins, et s'apprêtait ostensiblement
à prendre part à une lutte qu'elle croyait imminente. C'est du moins ce qui résulte de faits nombreux et particulièrement d'une conversation où
M. le prince Menzikoff déclare au chargé d'affaires de la Grande-Bretagne que les troupes ras-
semblées en Bessarabie étaient destinées à appuyer
les opérations militaires de l'Autriche, *dans le cas
où M. le comte de Leiningen n'aurait pas obtenu satisfaction*[1].

Il l'obtint, et c'est là, disons-le tout de suite, le

---

1. Voir la correspondance publiée par le gouvernement anglais.

point de départ d'une politique nouvelle, d'où dépendra peut-être l'avenir de l'Europe. L'Autriche
reprit vis-à-vis de la Turquie une attitude sinon
amicale, du moins sans caractère d'hostilité.

La Russie, qui avait secondé l'Autriche dans
l'affaire des réfugiés et qui s'était préparée à l'appuyer dans celle du Monténégro, espérait sans doute
que le conflit ne se terminerait point de cette façon. Elle avait pris ses mesures pour que l'Autriche marchât la première à l'assaut de l'empire
délabré des Osmanlis, et l'Autriche, en effet, pen-
sant agir isolément et ne servir que ses propres intérêts, allait lui ouvrir les voies. L'Autriche s'était
laissé entraîner vis-à-vis de la Turquie à des actes
comminatoires d'une nature analogue à celle des
actes qui motivent aujourd'hui la guerre contre la
Russie. Elle avait menacé une province, envoyé un
ambassadeur qui, au costume près, ressemble
d'un manière frappante à M. le prince Menzikoff.
Mais ces actes, il faut le dire, d'une portée moins
alarmante de la part de l'Autriche, à qui l'on ne
prête pas les mêmes vues qu'à la Russie sur Constantinople, et qui d'ailleurs n'eurent pas le temps
de se consommer, n'excitèrent point chez le Grand
Seigneur et en Occident les mêmes susceptibilités.
Ils n'ont pas eu les mêmes conséquences, et voilà

comment le tzar, qui croyait avoir lié la cause de l'Autriche à la sienne par des liens indissolubles, s'est vu tout à coup isolé dans son action.

Au moment où l'Autriche satisfaite a reconnu que la Russie ménageait et couvait des desseins personnels, elle a pu reconnaître aussi combien était dangereuse la voie où elle s'était engagée, et regretter un succès qui fit tout espérer à Pétersbourg et tout oser à Constantinople. Elle a pu aussi se joindre aux puissances occidentales pour chercher à ramener la Russie par les moyens diplomatiques ; mais peut-elle, par un brusque revirement, mettre l'épée à la main, réprimer des actes qu'elle a préparés dans une certaine mesure, et défendre la Turquie contre des coups qu'elle vient elle-même de lui porter ? Nous ne croyons pas qu'elle le fasse. Les gouvernements comme les hommes obéissent à des mobiles divers, observent des ménagements, et, si j'ose dire, pèsent les souvenirs. En Autriche, surtout, le souvenir est une religion politique, et il n'est point présumable que cette puissance se décide, à moins d'une absolue nécessité, à faire entrer ses soldats en ligne avec les réfugiés de Hongrie qui commandent l'armée turque, contre les Russes qui l'ont sauvée des Hongrois, et dont elle aurait sans doute, je ne dis pas demandé, mais

accepté le concours, le cas échéant, contre les
Turcs. Voilà un des éléments, l'élément historique,
de cette situation d'où dérive la neutralité.

Je passe à d'autres considérations.

VII.

Sinope et Navarin.

J'entends répéter sans cesse qu'il n'y a plus
au xixᵉ siècle d'autre politique que celle des intérêts. C'est une erreur. Les gouvernements auront
toujours, comme les individus, une mémoire pour
se souvenir et une conscience pour se guider.

Deux événements funestes dominent la question
d'Orient, parce qu'ils affectent, par delà les intérêts matériels de la France et de l'Angleterre, ce
qu'il y a de plus noble et heureusement de plus vi-
vace dans le cœur des hommes : le sentiment de
l'honneur blessé et celui du remords. Les Français et les Anglais, offensés à Sinope, vont payer
aujourd'hui à la nation turque la dette de Navarin.

Dociles à l'opinion publique, qu'ils doivent di-

riger et non pas suivre, entraînés par des poëtes et
des archéologues, les gouvernements de 1827 ont,
par la plus déplorable inconséquence, affaibli ce
qu'ils avaient intérêt à fortifier. Ils ont encouragé
l'insurrection grecque, bien qu'ils fussent en paix
avec la Porte ; ils ont démembré cet empire dont
ils reconnaissent maintenant que l'indépendance
et l'intégrité sont essentielles à l'ordre européen.
Par enthousiasme pour des populations qui ont eu
la peine de naître sur l'ancien territoire de Sparte
et d'Athènes, ils ont, avec une impardonnable
naïveté, secondé les vues de la Russie et commis
tranquillement le plus grand forfait de notre siècle ; ils ont anéanti, pendant les négociations, avec
des forces infiniment supérieures, par incendie,
sans combat, la flotte turque et la flotte égyp-
tienne, embossées dans la rade de Navarin. Un duc
de Clarence, alors grand amiral, depuis roi d'Angleterre, avait dit à l'amiral Codrington, bien que
les négociations fussent entamées : *Allez toujours
et tombez sur eux.* Une telle parole, qui n'aurait
jamais dû sortir de la bouche d'un prince civilisé,
porta ses fruits.

« Un coup de feu de hasard ou prémédité, parti
on ne sait de quel bord, au milieu de cette confusion de cinq escadres dans une même rade, donne

le prétexte ou le signal de l'engagement. L'amiral anglais commande par droit de l'âge : sûr du concours de ses deux collègues, il foudroie le premier la flotte ottomane ; l'amiral de Rigny et l'amiral Heyden ouvrent leur feu sur les vaisseaux encore muets qui sont devant eux. Une explosion continue écrase et démolit un à un les bâtiments turcs sous les bordées des trois escadres. Immobiles à l'ancre, pressés les uns sur les autres, se communiquant bord à bord l'incendie dont ils sont dévorés, les Égyptiens et les Turcs répondent avec l'intrépidité du fatalisme au feu des chrétiens. Leurs batteries éteintes par les vagues où ils sombrent tirent jusqu'au dernier canon qui surnage dans leurs sabords : leurs vaisseaux en éclatant sous l'explosion des soutes couvrent le ciel de leur fumée, la rade de leurs débris ; les cordages coupés par les boulets ou brûlés par les flammes laissent dériver sur les récifs les coques fumantes de leurs navires. En deux heures, huit mille de leurs marins ont jonché les ponts ou les flots de leurs cadavres, à peine quelques centaines d'hommes blessés par les batteries des forts attestent sur les escadres européennes les convulsions de l'agonie de la flotte ottomane. La fumée en se dissipant ne découvre que les restes embrasés de *quatre-vingt-dix bâtiments de guerre,* dont les flots jettent les débris, comme une expiation, au pied des falaises de la nouvelle Grèce.

« Telle fut, non la victoire, mais l'exécution de Navarin. Un cri d'horreur l'apprit à l'Asie, un cri de délivrance la salua en Grèce, un cri d'enthousiasme l'applaudit en Europe. Quand le sang-froid fut revenu, l'Europe hésita sur le nom à donner à cette conflagration des deux flottes : héroïque pour les uns, elle restait incendiaire pour les autres. On finit par l'éteindre dans le silence, de peur d'en scruter trop avant les mystères et d'y rencontrer quelque iniquité.

« On assure que l'amiral de Rigny, enivré d'abord de la popularité que la cause grecque jeta sur sa participation à cet incendie naval de Navarin, finit par se reprocher à lui-même une gloire qui n'était pas complétement justifiée par sa conscience, et que les scrupules de Navarin troublèrent sa vie et hâtèrent sa mort prématurée[1]. »

L'Autriche n'a aucune part de complicité dans ce grand désastre. Moitié par bonheur de situation, moitié par sagesse politique, elle n'a pas donné à la cause de l'insurrection grecque le même appui

---

1. Lamartine, *Histoire de la Restauration.*

que la France, l'Angleterre et la Russie. Elle n'est
donc point tenue des mêmes réparations.

Étrangère à l'événement de Navarin, elle n'est
point atteinte par celui de Sinope. Cette circonstance est si importante et si peu remarquée qu'il
faut entrer ici dans quelques développements.

La Porte et la Russie étaient en guerre ouverte
sur le Danube et dans l'Euxin. Les puissances
conféraient à Vienne. Les escadres anglaise et française mouillaient provisoirement à Béïcos. La flotte
russe, en vertu du droit strict de la guerre, dé-
truit la flottille turque, qui portait ou ne portait
pas des munitions sur le territoire russe, mais
qui était turque, et cela suffit. La France et l'Angleterre se trouvent offensées parce que leur intervention diplomatique en faveur de la Turquie devait momentanément interdire à la Russie un fait
de guerre aussi considérable. Elles prennent alors
une attitude militaire plus imposante, passent les
détroits, et déclarent implicitement la guerre à la
Russie, en lui signifiant que d'une part les vaisseaux russes seront consignés dans leurs ports, et
que d'autre part les vaisseaux turcs seront protégés
dans leurs opérations de ravitaillements et autres.
Il est bien vrai que, par un dernier effort de modération, les cabinets de Paris et de Saint-James,

en agissant militairement dans l'Euxin d'une manière aussi décidée, déclaraient ne vouloir point abandonner le terrain des négociations. Mais cette situation mixte, étant contraire à la nature des choses, ne put être maintenue. Les négociations furent rompues, l'alliance militaire de la Turquie avec les puissances occidentales nettement posée, l'ultimatum de l'évacuation envoyé à Pétersbourg et la guerre enfin allumée. Voilà les faits, je crois, dans toute leur exactitude. Il en résulte clairement que l'*ultimatum*, tout en ayant pour objet l'occupation et l'évacuation des principautés, a eu pour cause déterminante l'incendie de la flottille turque à Sinope, et l'atteinte portée à l'honneur militaire des puissances occidentales.

Voici un passage de la lettre de Sa Majesté l'empereur Napoléon au tzar Nicolas, qui marque la transition de l'état de paix à l'état de guerre :

« La France et l'Angleterre n'avaient pas cru utile d'envoyer des troupes de débarquement au secours de la Turquie. Leur drapeau n'était donc pas engagé dans les conflits qui avaient lieu sur terre. Mais sur mer, c'était bien différent. Il y avait à l'entrée du Bosphore trois mille bouches à feu dont la présence disait assez haut à la Turquie que les deux premières puissances maritimes ne permettraient pas de l'attaquer sur mer. L'événement de Sinope fut pour nous aussi blessant qu'inattendu; car peu importe que les Turcs aient voulu ou non faire passer des munitions de guerre sur le territoire russe. En fait, des vaisseaux russes sont venus attaquer des bâtiments turcs dans les eaux de la Turquie et mouillés tranquillement dans un port turc; ils les ont détruits, malgré l'assurance de ne pas faire une guerre agressive, malgré le voisinage de nos escadres. *Ce n'était plus notre politique qui recevait là un échec, c'était notre honneur militaire.*

« Les coups de canon de Sinope ont retenti douloureusement dans le cœur de tous ceux qui, en Angleterre et en France, ont un vif sentiment de la dignité nationale. On s'est écrié d'un commun accord : Partout où nos canons peuvent atteindre, nos alliés doivent être respectés. De là l'ordre donné à nos escadres d'entrer dans la mer Noire, et d'empêcher par la force, s'il le fallait, le retour d'un semblable événement. »

Ces nobles paroles éclairent à la fois d'un jour lumineux la position de la France et celle de l'Autriche dans la guerre actuelle. Pourquoi voudrait-on que cette dernière puissance s'engageât immédiatement dans une guerre résultant de faits qui lui sont étrangers? C'est l'honneur militaire de la France et de l'Angleterre qui est engagé. Ce n'est pas le sien [1].

La guerre a aussi un caractère européen; cela est vrai. L'Autriche ne l'oublie point. Mais aujourd'hui, dans les circonstances particulières qui lui donnent naissance, la guerre est momentanément occidentale. C'est dans son but final qu'elle est, et dans ses conséquences qu'elle sera européenne. Quand la France et l'Angleterre auront convenablement répondu à la provocation de Sinope, alors l'Autriche, sans avoir cessé de prêter son concours diplomatique à la Turquie et de considérer comme inadmissibles les exigences de la Russie, pourra offrir de nouveau sa médiation, et si les intérêts de l'Europe ou les siens l'exigent, mettre l'épée à la main. Jusque-là, elle reste simple spectatrice d'un conflit où elle n'a point à venger son honneur offensé et conserve légitimement à ses peuples les bienfaits de la paix par la neutralité.

---

1. Voyez d'ailleurs les lettres de M. le ministre des affaires étrangères au général Castelbajac, en date du 13 décembre, et au général Baraguey, en date du 29 décembre 1853.

VIII.

Armée, finances et bon ordre en Autriche.

De tous les États de l'Europe, c'est l'Autriche qui a le plus souffert en 1848. Elle est sortie de cette crise plus forte qu'auparavant. Mais cela n'empêche pas qu'elle ne soit encore très-faible. Elle a cette fiévreuse vitalité d'un convalescent qui n'évite les rechutes qu'à condition d'éviter les sensations fortes. Le maintien de la paix, qui eût été si avantageux pour tout le monde, lui est donc essentiel, et ce besoin indique très-clairement le rôle qu'elle doit jouer dans la situation présente des choses en Europe. Dès aujourd'hui, sans doute, elle serait en état de prendre militairement une part considérable aux événements; mais entre une guerre qui offre la perspective mêlée des succès et des revers, et une neutralité avantageuse sous tous les rapports, non-seulement pour elle, mais pour l'Europe entière, c'est ce dernier parti que la prudence conseille.

L'Autriche a une armée de plus de cinq cent mille hommes, brave, disciplinée, pas lourde du

tout, ne demandant qu'à marcher sous les ordres
d'un empereur de vingt-quatre ans, qui a fait, il
y a longtemps déjà, la guerre comme colonel, avec
une bravoure si compromettante, que le maréchal
Radetzki a dû le mettre aux arrêts. Cette armée,
quoiqu'elle soit restée étrangère à plusieurs progrès dans l'instruction et l'armement, a reçu en
plusieurs points des réformes avantageuses. J'en
citerai seulement une, mais considérable, l'unité
de commandement substituée à ces conseils qui
délibèrent toujours quand il faut agir, et qui ont si
bien servi par leurs interminables lenteurs le génie
prompt et soudain du général Bonaparte. L'armée
autrichienne est donc très-propre à lutter contre
d'autres ennemis que des insurgés. Mais elle a un
défaut que le temps et la paix peuvent seuls faire
disparaître. Elle est trop jeune. Les guerres d'Italie
et de Hongrie, les pertes nombreuses, l'augmenta-
tion instantanée de l'effectif, ont nécessité des le-
vées en masse et obligé le gouvernement à ne pas
se montrer difficile sur la qualité des hommes. *Il y
a dans ses rangs*, dit en 1853, un observateur fort
compétent et très-bienveillant[1], *un grand nombre*

---

1. *Forces militaires de l'Autriche*, par M. le colonel Carrière,
chez Dumaine.

d'hommes encore non formés ; et il ajoute : *Dans peu d'années ce défaut aura disparu.* Sans doute, mais c'est à la condition qu'on ne retombera point de sitôt dans les mêmes inconvénients, et qu'on évitera, tant que cela sera possible, la guerre qui consomme vite les jeunes soldats qu'il faut remplacer par des recrues plus jeunes encore.

Je ne sais si je m'abuse, mais il me semble qu'il y a là une considération très-forte en faveur de la neutralité. Elle seule, dans le moment présent, permettra de mener à bonne fin la restauration commencée des forces, non pas numériques, mais vraiment militaires de l'armée autrichienne. Il faut que ses bataillons aient pris de l'aplomb avant d'entrer en ligne contre les vieilles bandes de la Russie. Et pour que la monarchie acquière d'ici à quelque temps cette armée solide, sur laquelle repose son avenir, il est indispensable de ne point forcer le recrutement.

Cette armée d'ailleurs a une autre mission pénible, laborieuse, délicate, à laquelle elle suffit, mais à peine. Elle maintient l'ordre dans un empire si malencontreusement constitué que les parties les plus malades sont précisément les plus éloignées du centre et les plus exposées aux influences hostiles du dehors. Tandis que la Vendée

était isolée des ennemis de la république française,
l'Italie et la Hongrie sont pour ainsi dire plus près
des ennemis de l'Autriche que de l'Autriche elle-
même. Il en résulte que les mouvements de troupes,
quelque rapidement qu'on les exécute, présentent
toujours beaucoup de dangers.

Or, je prie que l'on veuille bien remarquer que
si l'Autriche s'engageait dès aujourd'hui dans la
guerre contre la Russie, elle deviendrait indubita-
blement, par le double fait de sa récente intimité
et de sa contiguïté géographique, le principal
ennemi du tzar. A elle incomberait aussi, par la
force des choses, le premier rôle dans l'action commune. Elle aurait à descendre immédiatement la
vallée du Danube et à aller livrer bataille dans les
plaines de la Bulgarie aux cent mille hommes que
la Russie retient encore dans les principautés aujourd'hui, mais qu'elle va jeter incessamment de
l'autre côté du Danube. Il faudrait encore que
l'Autriche allât couvrir la ligne des Balkans, occuper la Bosnie et la Servie pour y prévenir les troubles dont elle redoute le voisinage. Il lui faudrait
enfin se garder en Gallicie contre l'armée de Pologne, qui ne manquerait pas de se mettre en mouvement.

Ainsi, obligée d'accumuler toutes ses forces au

7

nord et à l'est de son empire, d'aller livrer bataille sur le Danube et de l'attendre en Gallicie, de garder les Balkans, surveiller la Bosnie, contenir la Hongrie, l'Autriche passerait instantanément, de l'état de sécurité et de paix, à l'état de guerre le plus critique et le plus compliqué. Elle serait même exposée à voir son territoire devenir le théâtre de la lutte. Ramassant ses troupes au nord et à l'est de son empire, elle dégarnirait inévitablement, quelque forte résolution qu'elle puisse prendre à cet égard, l'Italie et ses provinces intérieures. Or, de l'aveu de tous les hommes au courant des affaires d'Italie, si l'Autriche diminue d'un seul homme ses garnisons de Lombardie, elle s'expose à des mouvements que la concentration de ses forces n'a point prévenus, en pleine paix, il y a un an, et qui n'attendent qu'un signal pour se reproduire.

Et qu'on n'objecte pas que les Italiens se tiendront en repos, parce qu'il s'agit de faire la guerre à un *tyran*. Cette considération les touche fort peu, et les beaux raisonnements, tout à fait nouveaux, que pourront leur faire à ce sujet les journalistes et ministres de la Grande-Bretagne, ne les convaincront point. Les Italiens, comme les Grecs, voient l'intérêt particulier avant l'intérêt général. Croit-on qu'ils aient dans la tête un criterium de

gouvernement et des principes philosophiques de
libéralisme ? Point. Ce qu'ils veulent, c'est leur
indépendance. Ils ne connaissent qu'un *tyran*,
celui qui les gouverne : les Grecs, le sultan ; les
Lombards, l'empereur d'Autriche. Tandis que les
uns et les autres ont tout à perdre par des insur-
rections et tout à gagner par la voie des négociations, ils poursuivent aveuglément leur but *per fas
et nefas.*

Qu'en résultera-t-il ? La France sera-t-elle obligée d'aller faire, pour un établissement nouveau,
né de ses revers, ce qu'elle a fait et non sans peine,
à Rome pour une autorité séculaire, sacrée, véné-
rable à tous les titres? Le pourrait-elle d'ailleurs.
L'Angleterre, postée à Malte et à Corfou, sera plus
près que la France, et l'Autriche se verrait peut-
être dans la singulière nécessité de recevoir en
Italie le secours de l'Angleterre. Et qui peut assurer que le mouvement insurrectionnel hellénique
ne s'étendra pas aux îles Ioniennes, où la reconstitution politique de la nationalité grecque est sou-
haitée, préparée dans les esprits autant qu'à
Athènes même[1]? que l'Angleterre ne sera point

1. On sait que le sénat des îles Ioniennes a été prorogé cette
année par le commissaire de la Grande-Bretagne. Le *Moniteur
universel* a publié, dans son numéro du 12 avril, la lettre par la-

retenue dans ses possessions, pour y protéger ses propres intérêts ? que le mouvement insurrection-nel grec se reliant au mouvement italien, le tzar protecteur des Grecs, ne deviendra pas le protec-teur de la nationalité italienne; qu'il ne rallumera point sous des auspices nouveaux l'insurrection hongroise; qu'il ne cherchera point à opérer à son profit cette reconstitution d'une Pologne dont on parle, il est vrai, dans un autre sens, et que tou-chant l'Autriche par trois points vulnérables, la Pologne, la Hongrie et l'Italie, il ne lui ferait pas courir des dangers plus graves encore que ceux dont il l'a tirée en 1848 ?

Si la Hongrie a été démocratique en 1848, ç'a été par accident. Ce pays est aristocratique, et les éléments qui y dominent aujourd'hui se sont déjà trouvés en contact avec le tzar. D'ailleurs, serait-ce pour la première fois qu'un prince offensé relève-rait d'une main ce qu'il a renversé de l'autre ? On raconte que dans une des nombreuses entrevues de Varsovie, le jeune empereur d'Autriche, en montrant au tzar la statue de Sobieski, dit ce mot gracieux : « Voilà le premier sauveur de l'Au-triche; » et que, dans une autre occasion, le tzar

quelle lord H. G. Ward notifie sa décision au président de cette assemblée. C'est un document fort instructif.

en face de cette même statue, aurait dit : « Voilà la première dupe. » Ah ! si l'avenir rappelait cette malheureuse parole, croyons-le bien, il faudrait que l'Autriche se considérât comme l'ennemie principale de l'empereur Nicolas; tout le poids de la guerre retomberait sur la puissance qui, tout en ne pouvant être indifférente aux résultats, y est pourtant moins intéressée que la France et l'Angleterre. Il y a là une anomalie, une contradiction, un renversement de rôles que les puissances occidentales elles-mêmes ne peuvent admettre et qui s'opérerait malgré elles, par la force des choses, si l'Autriche sortait de sa neutralité. Le cabinet de Vienne, si circonspect et si prudent, risquera-t-il sans une absolue nécessité les conséquences d'un changement aussi radical dans sa situation en Europe et dans l'assiette de sa politique? Il y aurait vraiment bien de la légèreté à le croire.

Ainsi, la neutralité armée de l'Autriche dérive de la situation militaire et politique de son empire, et l'Europe est intéressée à ce que cette puissance, en gardant ses positions et en maintenant l'ordre dans ses vastes États, empêche que les complications révolutionnaires ne viennent se mêler fâcheusement à celles de la guerre.

L'état administratif et financier de l'Autriche ne

lui commande pas moins de réserve dans son attitude.

On plaisante volontiers de la bureaucratie en
Europe. Cela paraît de bon goût. On oublie que si
c'est le glaive qui fonde les empires, c'est par la
bureaucratie qu'ils vivent et se sauvent à l'heure
des grandes crises. Sans la bureaucratie tout est
éphémère. Elle seule rend les succès durables,
parce qu'elle s'incruste. Si l'empire romain avait
eu un organe administratif comme celui de la rue
de Rivoli, qui certainement n'a point son pareil en
Europe, les impôts auraient été recouvrés autrement que par ces pauvres *curiales*, dont la situation
était si pénible qu'ils en étaient réduits à implorer
l'invasion des barbares, comme un remède à leurs
maux. Sans M. de Louvois, Louis XIV n'eût pas été
Louis le Grand. La Convention a décrété la victoire, mais c'est dans les bureaux de la guerre
qu'on l'a rendue possible. C'est encore la bureaucratie qui a sauvé l'Autriche en 1848, en faisant
arriver au pouvoir central toutes les ressources nécessaires en hommes, argent, transports, etc.
L'Autriche a donc eu peu de chose à faire dans le
sens purement administratif depuis 1848.

Ce qui était malade à cette époque, c'était la
monarchie elle-même, si vivante et si forte sous les

rois Marie-Thérèse et Joseph II. Elle se mourait de langueur, manquait à tous ses devoirs, et pour ainsi dire oubliait ses peuples. Elle avait bien encore la force de promettre, mais non celle de tenir. Les justes réclamations des Italiens, elle ne les entendait pas; elle sommeillait [1]. L'insurrection éclata, le réveil fut terrible, et l'on trouva pour toute ressource des hommes énergiques et cette bureaucratie qui manœuvra aussi bien que les armées : hors cela, tout était à refaire. Il fallait infuser un sang nouveau à la monarchie, ouvrir les yeux et les oreilles, resserrer les liens de l'autorité centrale, créer, non pas une *unité* chimérique, mais rétablir partout le mouvement et l'har-

1. En relisant ce passage, j'éprouve le besoin de faire une réserve et de corriger ce qu'il peut avoir de trop absolu. Particulièrement en ce qui concerne l'Italie, l'Autriche n'oubliait pas tout à fait ses promesses. Elle était seulement très-longue à les mettre à exécution et fut surprise par les événements. C'est ce que confirme le passage suivant d'une dépêche de M. le comte de Ficquelmont, ministre des affaires étrangères, en date du 5 avril 1848, à M. de Dietrichstein, ambassadeur d'Autriche à Londres : « Les événements arrivent quelquefois comme marqués du sceau d'une fatalité hostile. L'insurrection du royaume Lombard-Vénitien a éclaté au moment même où l'empereur Ferdinand *avait pris la résolution* d'accorder à son peuple tout ce qu'on lui avait montré être son universel désir. Le peuple italien, qui aurait trouvé dans l'ordonnance impériale plus même qu'il n'avait demandé, n'a pu être instruit de ce qui se faisait, par suite de l'appel aux armes qui l'a empêché d'entendre la voix de son souverain. » 2ᵉ éd.

monie. C'est dans ce sens qu'il faut entendre ces paroles mémorables de l'empereur à son avénement :

« L'édifice nouveau que nous allons reconstruire, sera comme une grande tente, où sous le sceptre héréditaire de nos aïeux, les diverses races de l'empire s'abriteront plus libres et plus unies que jamais. »

Ce travail s'opère aujourd'hui, mais est-il achevé ? Non sans doute. La première condition d'une forte existence chez les sociétés modernes, et on pourrait dire leur sang, c'est le crédit qui circule dans toutes les parties, porte la vie dans tous les organes, et les relie par des liens invisibles mais aussi puissants que ceux des armées. Or, les sources du crédit ne sont point largement ouvertes en Autriche comme en d'autres États. La dette s'accroît, une guerre l'augmenterait encore. L'expérience récente a prouvé que les grandes mesures financières ne s'opèrent point avec facilité. Les germes d'un avenir meilleur ont été semés, mais ils ne se développeront que par la tranquillité intérieure. On ne remue pas le sol quand le blé commence à pousser. Pour récolter, l'Autriche doit rester en repos.

IX.

Esprit traditionnel du gouvernement autrichien. Lenteur
de ses évolutions.

Si la Lombardie n'était point une terre de
bénédiction que se disputent, se concèdent et
s'arrachent tour à tour les deux grandes monarchies issues de l'empire de Charlemagne, l'Autriche et la France vivraient sans doute dans les
liens d'une alliance intime et durable. Entre elles,
en effet, point de frontières litigieuses ; des intérêts qui ne s'excluent pas, des besoins communs ;
dans le peuple, une même religion ; le même
esprit de tolérance sur le trône. La politique seule
a pu désunir, pendant des siècles, ce que la nature
a si bien fait pour s'entendre.

Une fois pourtant, à une époque bien mémo-
rable, en 1809, l'esprit de rivalité fit place à de
meilleurs conseils. L'Italie, alors heureuse, sem-
blait définitivement hors de contestation. La
France, après avoir frappé le grand coup de Wa-
gram, occupait Vienne, et tenait enfin dans ses

mains victorieuses les destinées de sa rivale. L'Autriche, sans capitale et sans armée, privée de cet énergique sentiment de nationalité qui soulevait l'Espagne, l'Autriche, réduite à merci, pouvait être supprimée d'un trait de plume. Elle fut épargnée, et c'est ce moment-là que Napoléon choisit pour jeter entre les deux États les bases d'une alliance que les hommes et les événements devaient rompre sitôt.

L'empereur François conserva sa couronne impériale et donna en mariage à Napoléon l'archiduchesse sa fille.

Ceux qui n'ont vu dans le traité de Vienne qu'un grand acte de magnanimité, n'ont compris qu'imparfaitement le génie du vainqueur. Ceux qui n'y ont vu que la fantaisie de mettre dans son lit une fille de bonne maison, ne l'ont pas compris du tout. Il y eut dans cette modération et dans ce mariage une grande pensée politique. Napoléon avait jugé[1] que l'Autriche est essentielle à l'ordre européen. Il lui laissa donc ses quatre organes constitutifs, la Hongrie, la Moravie, la Bohême et

---

1. L'auteur ne nie pas l'influence que le prince de Talleyrand a pu exercer sur la conduite de l'Empereur ; mais il croit devoir tout rapporter à Napoléon, puisque Napoléon jugeait tout en dernier ressort.

l'archiduché. S'il lui enleva quelques provinces excentriques, c'étaient des sûretés, indispensables dans les conjonctures où l'on se trouvait, et qui auraient sans doute fait l'objet de restitutions ultérieures à la conclusion de la paix générale. On y aurait même ajouté, suivant les plans de M. de Talleyrand, les provinces danubiennes. *La possession des provinces danubiennes*, disait ce diplomate, *en ferait un contre-poids à opposer à la Russie, et l'Autriche deviendrait alors une alliée de la France pour les affaires du Levant*. Ainsi, dans le système que l'Empereur était à la veille de réaliser et dont cette alliance était l'élément essentiel, la paix reposait, non plus comme dans le système du bon abbé de Saint-Pierre, sur l'accord fragile des volontés, mais sur la solide base des intérêts continentaux. Après avoir oscillé de droite à gauche, toujours partagée dans son milieu et sans assiette fixe, l'Europe prenait pour ainsi dire possession d'elle-même, se resserrait dans son centre, s'appuyait sur l'Elbe et le Danube, et se trouvait en mesure d'opposer partout à l'action de ses extrémités, la masse compacte et l'imperturbable triangle de ses trois grands corps intérieurs, la France, l'Autriche et la Confédération que des annexions subséquentes devaient fortifier encore.

Les gouvernements, jusque-là préoccupés de la lutte, puisant une force particulière dans la sûreté commune, se seraient voués à l'organisation des services intérieurs et à l'application prudente de ces principes nouveaux que l'armée française avait semés sur son passage. Des mariages faits à l'image de celui de l'Empereur, auraient peu à peu accompli, sans secousse, en Italie, en Allemagne, en Hollande, la réintégration des anciennes familles dépossédées, et mêlé le sang des aristocraties à celui des hommes nouveaux. La réconciliation sur les trônes aurait confirmé la réconciliation des peuples, et l'Europe rajeunie, placée sur ses bases naturelles, aurait goûté, pour longtemps sans doute, les bienfaits d'une paix profonde. Ces grands desseins ne se sont point réalisés.

L'absurde acharnement de quelques hommes d'État bilieux, le libéralisme ridicule des écoliers d'Allemagne, la faiblesse des cabinets plus enchaînés que coalisés ; enfin, il faut le dire aussi, les entraînements d'un génie à outrance que les obstacles irritent, et qui dépasse le but pour mieux l'atteindre et le manquer : voilà les causes d'une déplorable chute qui n'a pas été seulement celle de la France, mais celle de l'Europe. Nous en res-

sentons aujourd'hui le contre-coup après trente-
neuf ans d'une paix agitée, semée de révolutions,
ruineuse et mensongère.

L'Autriche a repris le chemin de l'Italie. L'Allemagne défiante n'a pas encore aperçu que Napoléon voulait beaucoup plus se l'attacher que la
conquérir. En France, l'instabilité du pouvoir a
éloigné les gouvernements qui veulent des alliances
durables et ne peuvent s'engager avec l'inconnu;
la révolution de 1848 a obligé les cours de Vienne
et de Berlin à resserrer avec la Russie les liens de
1815 et à reprendre la fausse voie d'où Napoléon Ier
avait voulu les tirer au prix de quelques violences.
Enfin, de l'œuvre napoléonienne en Allemagne il
ne reste que deux choses : chez quelques hommes
d'État le souvenir reconnaissant des progrès ad-
ministratifs et industriels, et l'image de l'Empereur dans toutes les chaumières. Faut-il y voir un
germe d'avenir?

Rien de pareil n'existe en Angleterre, où
Napoléon n'a laissé que le souvenir d'une lutte
opiniâtre et douloureuse pour tout le monde.
Il n'a point mis le pied dans cette île; et qu'y
aurait-il fait? Assurer son triomphe définitif? C'est
une question militaire. Qu'aurait-il apporté à cette
nation qui n'a jamais rien reçu de personne, et qui

se meut, politiquement et socialement, dans des conditions si hétéroclites ? L'égalité ? Mais on s'en passe fort bien. La liberté ? Mais elle y existe, et, chose bizarre, on n'en meurt pas: Rien n'appelait Napoléon en Angleterre; rien ne l'y attirait. Il ne pouvait faire que deux choses avec elle : la guerre, jusqu'à ce que l'union des forces continentales fût accomplie; et puis la paix. Rien de plus. N'ayant pu, ni à l'amiable, ni par violence, venir à bout de consommer cette union d'où la paix devait sortir, Napoléon a quitté l'Europe sans lui avoir fait jeter l'ancre et sans lui avoir rendu les grands services qu'il méditait. Ainsi, après avoir été ballottés de nouveau par le flux et le reflux des événements, les États européens se trouvent aujourd'hui dans la situation la plus surprenante, la plus singulière, la plus critique qu'on puisse imaginer et peut-être la seule qu'il ait été impossible de prévoir, à quelque moment qu'on se place, depuis le commencement de ce siècle.

Les excessives complaisances de l'Angleterre pour la Russie avant et pendant sa lutte contre Napoléon [1], le désordre de l'Europe centrale dans

---

1. C'est l'Angleterre qui a fourni à la Russie ses premiers marins. C'est elle qui a introduit, en 1770, l'escadre russe dans la Méditerranée, et pris part à l'incendie de la belle flotte turque

ces derniers temps, ont tellement accru les forces de la Russie que la France et l'Angleterre se trouvent jetées, à moins de quarante ans de la plus terrible lutte, dans les liens d'une alliance intime et indispensable.

Ce serait bien mal connaître l'Angleterre que de douter de sa sincérité. Avec elle, il n'y a point d'alliance douce. Elle est absolue dans ses amitiés comme dans ses haines. Elle en change souvent, mais elle leur donne en intensité ce qu'elle leur refuse en durée. Elle sera dans sa lutte avec la France contre la Russie, ce qu'elle a été dans sa lutte avec la Russie contre la France, c'est-à-dire tour à tour généreuse, exigeante, dévouée, toujours passionnée. Elle payerait à la France comme elle a

devant Tchesmé. L'amiral Elphinston voulait aller prendre Constantinople. Il fut arrêté par l'indécision de l'amiral russe, Alexis Orloff. En 1795, l'Angleterre réussit à engager la Russie dans son alliance contre la France, en consentant à ce qu'on omît dans le traité la clause ordinaire relative à l'intégrité de l'empire ottoman, et, par conséquent, en cessant de s'opposer aux progrès de la Russie en Orient. En 1806 et 1807, la flotte anglaise va exiger de la Porte le rétablissement des princes danubiens protégés par la Russie. En 1812, l'Angleterre attaque les Turcs pour empêcher qu'ils ne fassent contre les Russes une diversion utile à la France. L'Angleterre a donc presque constamment, depuis Tchesmé jusqu'à Navarin, servi la Russie dans sa marche envahissante. Il est juste qu'elle ait à faire aujourd'hui, dans la lutte qui s'engage, les plus grands sacrifices.

payé à la Russie, des subsides de guerre, si la
France n'était pas assez riche pour payer sa
gloire. Et pourquoi de la part de l'Angleterre ces
puissantes et rapides évolutions? C'est qu'elle n'a
d'autre politique que celle de ses intérêts commerciaux, et d'autre boussole que celle de ses navires
marchands. Tandis que les États continentaux
ont des intérêts stables et pour ainsi dire fixés au
sol, les intérêts mercantiles se déplacent et circu-
lent sans cesse. Ils sont de leur nature essentiellement mobiles, et, de nos jours, la vapeur, les
migrations d'hommes, tendent à les rendre plus
mobiles encore. Comme tout se lie et s'enchaîne
dans une société qui n'est point le produit artifi-
ciel et hâtif d'une révolution, mais le résultat du
long travail des ans, l'Angleterre a une sorte de
gouvernement souple et irresponsable, qui dégage
de sa politique tout ce qui pourrait en contrarier
la mobilité. Le pouvoir nominal de ses rois la met
soigneusement à l'abri de cette honorable senti-
mentalité et de cette constance dans les affections,
qui influe toujours, quoique secondairement, sur
la conduite des maisons vraiment régnantes.

Si le gouvernement britannique s'est plié aux
exigences du commerce, le commerçant à son tour
s'est formé à l'image de son gouvernement. L'An-

glais poursuit à outrance, sous toutes les latitudes, son idéal mercantile, et quand il l'a trouvé, quand il a enfin réussi dans ses combinaisons, quand il a entassé les richesses de l'univers, n'ayant plus d'intérêt commercial à vivre, il se tue ou meurt d'ennui. C'est de tous les hommes celui qui mêle son intérêt à un plus grand nombre d'intérêts étrangers, sans jamais faire de confusion. Il se frotte sur toute la surface du globe, à toutes les nations, à toutes les coutumes, et partout il reste anglais, par la langue, l'esprit, l'humeur, le costume et la désinvolture. L'Anglais est indélébile, comme l'encre que les Parisiens appellent de la *Petite Vertu.*

Tout est profit en ce monde à qui est aussi sûr de soi. On peut propager les révolutions sans craindre d'en être victime; accueillir d'emblée tous le gouvernements, puisqu'on les laisse tomber avec une égale indifférence; vanter sincèrement le régime des deux chambres, puisqu'il est aussi bon, après deux siècles, qu'il est périlleux à ses débuts[1];

1. Voici l'opinion d'un roi d'Angleterre: « Pour le bonheur du monde nous ne devons souhaiter à aucun peuple nos propres institutions. Ce qui est à peu près bon chez nous ne vaudrait rien chez d'autres: toute terre ne porte pas à sa surface les mêmes fruits et le même minéral dans son sein. Il en est ainsi des nations, de

prêcher le libre échange, puisqu'on fournit tout à tous et qu'on ne reçoit rien de personne ; s'engager dans de longues entreprises, où l'on sait bien qu'on ne s'oubliera jamais.

L'auteur de ce travail croit devoir protester ici qu'il n'a qu'un but en rappelant par quelques traits généraux les mœurs politiques de la Grande-Bretagne. Il veut éclairer, par l'antithèse, la thèse que voici :

L'Autriche est politiquement, socialement et historiquement dans des conditions absolument contraires à celles où se trouve l'Angleterre ; ses intérêts sont aussi stables que ceux de l'Angleterre sont mobiles, et comme il y a autant d'harmonie entre son régime monarchique et ses besoins, qu'entre le régime et les intérêts de l'Angleterre, son gouvernement doit avoir et a dans le fait, autant de lenteur dans les évolutions que le gouvernement anglais a de vivacité dans les mouvements.

De cette opposition générale dans les intérêts des deux pays et dans les procédés des deux gouverne-

leurs mœurs et de leurs caractères. Souvenez-vous de ceci, mon cher Marcellus, c'est ma conviction inébranlable. » (*Politique de la Restauration,* par M. le comte de Marcellus. 1853, p. 41.) Et c'est précisément sous le règne de ce roi que l'Angleterre a commencé sa propagande constitutionnelle. Rien ne fait mieux ressortir ce que c'est qu'un roi d'Angleterre.

ments, il résulte logiquement que l'Angleterre doit
offrir son alliance à l'Autriche et que l'Autriche
doit la refuser, du moins jusqu'à nouvel ordre.
C'est, en effet, ce qui arrive et je crois qu'on trouverait difficilement, dans l'histoire des deux États,
une situation qui mette plus en relief la contrariété
de leur tempérament respectif.

La cour de Vienne cherche à établir le bon ordre
dans son empire, sa prépondérance en Allemagne
et sa domination en Italie. Dans l'accomplissement
de cette triple tâche, elle a toujours été dérangée
par l'Angleterre. Partout, en Hongrie, en Italie, à
Constantinople; dans l'affaire des réfugiés, elle a
toujours rencontré l'action, je ne dis pas hostile,
mais très-peu bienveillante du gouvernement britannique. En butte à ce mauvais vouloir systéma-
tique, étant d'ailleurs moins qu'aucun autre État
capable de supporter l'isolement, force a été pour
elle de prendre une alliée parmi les trois autres
grandes puissances.

La France n'offrait alors aucune garantie. La
Prusse est une rivale. Il n'y avait, et jusqu'à ce que
des transformations récentes se soient consolidées,
il n'y aura que la Russie qui puisse offrir à l'Autriche cette ressource essentielle d'une alliance durable. Je signale cette cause comme une de celles

qui rendent inévitable la temporisation de l'Autriche. La crise où l'Europe se trouve aujourd'hui
peut se dénouer aussi vite qu'elle a pris naissance
inopinément. Il y a dix-huit mois, quand les cours
du nord se concertèrent pour faire face à de chi-
mériques éventualités, quand l'Angleterre armait
ses côtes, qui eût pensé que ces armements, au lieu
de servir à repousser le débarquement d'un voisin,
serviraient à réprimer au loin les prétentions im-
prévues et insoutenables du tzar, et que l'attaque
viendrait précisément de celui qui organisait de
plus haut la résistance? Ces anomalies ne sont rien
encore comparées à celles dont j'ai fait entrevoir
l'éventualité : le tzar protecteur de la révolution,
l'Autriche partie principale dans la guerre où elle
n'a que des intérêts secondaires, l'Angleterre et la
France appuyant sa domination en Italie, etc.

Dans une telle incertitude de toutes choses et
sur un terrain aussi mouvant que celui de l'Europe actuelle, qui ne voit que l'Autriche doit se
reconnaître, attendre les événements, laisser aux
prétentions diverses le temps de se poser nettement et, tout en rompant avec son ancienne alliée
la Russie, ne point se retourner contre elle les
armes à la main, et se ménager pour l'avenir la
ressource de son alliance? qu'elle ne doit point

briser irrévocablement avec la Russie, pour s'engager dans une entreprise dont les motifs sont justes et connus, mais dont le but et les conséquences sont loin d'être définis; que si l'Autriche est intéressée à la liberté des eaux de l'Euxin, elle ne l'est pas moins à celle de la Méditerranée; qu'elle doit prudemment éviter de contribuer à l'amoindrissement excessif d'une puissance dont elle a reçu des secours effectifs, pour fortifier d'autant, et de ses propres mains, l'autre puissance dont elle n'a point à se louer et qui, une fois le but particulier atteint, pourrait reprendre, malgré qu'on en ait, ses anciens errements. Un seul parti s'offre donc à l'Autriche : c'est de garder ses positions, de prendre quelques sûretés, comme la Bosnie ou la Servie, et ne perdant pas de vue ses trois objets, de ramasser le gros de ses forces sur elle-même, maintenir l'ordre dans ses provinces, ne point dégarnir le Milanais et soutenir son influence en Allemagne, où, comme partout, les absents pourraient avoir tort.

Forte de cette position de neutralité, tandis qu'elle serait faible dans la lutte, malgré le chiffre considérable de son armée, l'Autriche pourra proposer aux parties belligérantes quelque transac-

tion dont elle retirera profit sans avoir sacrifié un homme.

Telle est la voie prudente et sûre dans laquelle l'Autriche est engagée, et dont la nature de son génie politique l'empêchera de sortir.

X.

Neutralité de l'Autriche dérivant de la constitution du corps germanique. Danger des coalitions.

La neutralité de l'Autriche entraîne comme conséquence celle de l'Allemagne tout entière. Cela n'est pas à démontrer. On le sait bien ; et voilà pourquoi on la presse si vivement de faire accession au traité d'alliance qui vient d'être conclu récemment à Constantinople, et qui reste ouvert à la signature des cabinets qu'on appelle temporisateurs. La solution de la question pendante, mais que nous croyons résolue par la force des choses, n'est donc ni à Berlin ni à Francfort : elle est à Vienne. Voilà pourquoi nous n'avons été préoccupés jusqu'ici que des intérêts particuliers à l'Autriche. Qu'il nous soit cependant per-

mis de faire un retour sur l'Allemagne, et de
montrer que, si son attitude dépend du parti que
prendra l'Autriche, sa constitution organique et
la nature du rôle général et permanent qu'elle
doit jouer en Europe, influent réciproquement
sur la décision de l'Autriche.

La position continentale et méditerranéenne de
la confédération germanique, les intérêts multiples et contradictoires des nombreux États qui la
composent, et qu'un danger bien évident peut seul
réunir dans une pensée et dans une marche communes, font de ce grand corps une force presque
toujours d'inertie, rarement de résistance et jamais
d'agression. Le million de soldats qu'il peut mettre
en ligne n'est point une de ces armées mobiles
et expéditionnaires, telles que l'armée russe, anglaise ou française. C'est une armée faite surtout
pour la défense du sol; elle y tient, elle en sort,
elle le couvre, elle y rentre : voilà son principe.

Or, ce qui est menacé aujourd'hui et pour le
moment, ce n'est pas l'Europe en elle-même, dans
son centre ni dans ses organes essentiels; c'est une
extrémité, un membre malade, très-intéressant,
à coup sûr, mais qui exige seulement un remède
topique que les forces combinées de la France et
de l'Angleterre peuvent appliquer avec succès.

On met en avant, pour obtenir le concours immédiat des puissances allemandes, une raison, ou
plutôt une prévision dont il faut examiner la
valeur. On dit ceci : Quand la Russie verra toute
l'Europe agir militairement contre elle, son isolement l'intimidera, et sa retraite s'opérera immédiatement, diplomatiquement, par un accommode-
ment que son génie délié lui fera découvrir et
proposer. Ainsi, par une démonstration d'ensemble,
l'effusion du sang et les pertes immenses que la
guerre la plus courte entraîne après elle seront
évitées. Tout s'arrangera, comme en 1841, le mieux
du monde.

Je n'hésite point à le dire, si l'accession des
puissances allemandes à l'alliance occidentale devait avoir ce résultat, elles seraient coupables de ne
pas prendre une prompte décision pour donner, du
même coup, leur concours à la Turquie et la paix à
l'Europe. Mais, l'application des événements de 1841
à la situation actuelle est, à mon sens, fort inexacte.

La France, cernée de tous les côtés, ouverte aux
quatre points cardinaux et politiquement faible, ne
pouvait, à cette époque, supporter un isolement
qui l'eût exposée à d'incalculables revers. La Russie
se trouve, en 1854, dans des conditions géographiques, militaires et politiques tout à fait diffé-

rentes. Le pouvoir y est stable, sans aucune entrave qui puisse gêner ses mouvements, capable enfin de soutenir les plus longues entreprises. L'empire n'est militairement vulnérable que d'un seul côté, sur une ligne importante et très-étendue, sa frontière européenne. Cette ligne est difficile à défendre ; mais supposez-la rompue même d'un bout à l'autre, la Russie est toujours en mesure de se replier sur son centre où elle est inattaquable. Il en résulte que la Russie ne peut être réduite absolument ; qu'on peut lui faire un mal considérable sur ses deux mers, mais la détruire, point. Elle peut donc, ce que ne peut aucune autre puissance, même l'Angleterre depuis la vapeur, elle peut risquer l'isolement, et elle le risquerait aujourd'hui parce que son honneur y est engagé.

Une déception récente doit éclairer sur la valeur de ces conjectures et de ces espoirs toujours déçus. Avant l'ouverture des conférences de Vienne et pendant les négociations, on prévoyait et on espérait aussi que le tzar devant l'accord diplomatique des quatre puissances, renoncerait à ses prétentions. Son Excellence M. Drouyn de Lhuys l'écrivait et le répétait souvent[1] ; beaucoup de personnes

1. Voy. la correspondance publiée par le gouvernement français.

le croyaient avec lui. Eh bien, cet accord a eu lieu, sans réserve et très-loyalement. Les quatre puissances, la Prusse et l'Autriche, aussi bien que les deux autres, aussi fermement, ont déclaré que les demandes de la Russie, telles qu'elles étaient présentées dans les notes ultimates de M. le prince Menzikof, étaient inadmissibles. Et le tzar les a maintenues. Il a persisté sur le terrain diplomatique ; il persisterait de même sur le champ de bataille. Son opiniâtreté s'augmenterait de son ressentiment contre ses alliés de la veille, et l'incendie, au lieu de s'éteindre, prendrait à la fois plus d'étendue et d'intensité. *La paix serait rendue plus difficile* parce qu'il y aurait plus d'intérêts engagés dans le conflit, plus de sacrifices à faire de part et d'autre, plus de plaideurs dans le procès, et l'on aurait enlevé à l'Europe cette précieuse ressource d'une base toujours offerte aux négociations par des puissances de premier ordre, avec lesquelles il faut compter, mêmes lorsqu'elles sont au repos. Là est le grand bienfait de la neutralité. La paix en sortira beaucoup plus tôt que de la ligue qui transformerait une guerre heureusement circonscrite sur quelques points, en une guerre générale et peut-être en une déplorable lutte de l'Asie contre l'Europe.

Si je ne m'imposais, trop tard, le devoir d'être court, j'essayerais de montrer que la neutralité de l'Allemagne et, par conséquent, l'inviolabilité de son territoire, est peut-être, même au point de vue militaire, plus vraiment utile aux puissances occidentales que ne le serait le concours offensif de ses armées; que cette neutralité tend à faire conserver à la guerre un caractère maritime évidemment très-avantageux à l'Angleterre et à la France; que si la guerre, au lieu d'être portée aux extrémités, s'étendait sur toute la frontière de l'empire russe, le centre de l'Europe serait exposé aux hasards d'une de ces grandes batailles où se décide, en un jour et une nuit, le sort d'une nation; et que si, enfin, avec la coalition de toutes les forces, on peut, il est vrai, tendre à de très grands résultats, mais douteux, avec la neutralité, on est plus sûr d'en obtenir de satisfaisants.

Il faudrait appuyer ces diverses propositions par des considérations purement stratégiques qui m'entraîneraient trop hors de mon sujet. J'y reviens, pour indiquer un danger que ferait courir à l'Europe l'accession des puissances allemandes, le danger des *coalitions*.

Tout le monde convient que les coalitions sont détestables et funestes dans un parlement. Elles

ne le sont pas moins dans l'*assemblée* des peuples
européens. L'histoire le prouve. En admettant
que, surexcitée par une ligue générale de toute
l'Europe, la Russie ne trouve pas dans son énergie
des moyens plus dangereux que ceux qu'elle dé-
ploiera dans une guerre locale et circonscrite ; en
admettant qu'elle dût être promptement et complétement battue, croit-on que sa ruine serait
avantageuse à l'Europe ? Il y a en Occident, au
moment où j'écris, tant d'animosité contre le tzar
et tant de fougue dans les esprits, qu'il faut du
courage, en vérité, pour ne pas s'y abandonner. A
entendre certains *entraîneurs* politiques, l'occasion serait bonne de désinfecter l'Europe des Russes,
comme on a voulu, à une autre époque, la désinfecter des Turcs, et l'Occident devrait envoyer sa
majesté le tzar en Sibérie. C'est là, disons-le har-
diment, une politique désastreuse, qui aurait pour
conséquence, si on en adoptait le principe, de faire
détruire tour à tour, par toutes les parties de l'Europe coalisée, toutes les puissances successivement
menaçantes. L'Europe déchaînée hier contre la
France, aujourd'hui contre la Russie, plus tard
contre l'Angleterre, se mutilerait chaque membre,
accumulerait ruine sur ruine, jusqu'à ce qu'il n'y
ait plus qu'un désert.

Un souvenir pèse depuis 1815 sur les coalitions. L'Angleterre, par sa lutte à outrance contre
Napoléon, a fait tomber l'Europe dans l'excès
d'une réaction. Il importe à l'Europe que chacun
de ses peuples ait la plus grande puissance possible ; par exemple, il lui importe que la France
soit puissante, autant qu'il lui importe qu'elle ne
soit pas prépondérante. Il faut en dire autant de
la Russie, qu'il est essentiel de contenir, mais
qu'il serait déplorable d'amoindrir au point de la
faire déchoir du rang qu'elle doit occuper dans
l'ordre harmonique européen. Après la bataille de
Waterloo, on a réduit la France misérablement.
On a criblé ses frontières[1] ; on a suspendu sur sa
tête, à quelques lieues de sa capitale, la jonction
toujours facile d'une armée d'outre-mer et d'une
armée continentale, de telle façon qu'aujourd'hui
les chemins de fer qui sillonnent l'Europe pourraient jeter dans ces plates provinces qu'on ap-

---

1. Les citadelles de Louis XIV sont fort insuffisantes. Les
seules bonnes frontières, aujourd'hui, ce sont des fleuves, des
montagnes ou des déserts. La France n'a au nord ni désert, ni
montagne, ni fleuve. Les déboisements ont mis à découvert, et
les travaux de vicinalité ont percé de part en part et dans tous
les sens, les contrées qui offraient jadis quelque ressource. Je
viens de visiter l'Argonne : Dumouriez ne referait pas aujourd'hui
a belle campagne de 1792.

pelle la Flandre, la Champagne et la Brie, une armée qui, en trois ou quatre marches, viendrait manger sous les murs de Paris le pain cuit dans l'Ukraine. C'est l'éternelle faute des coalitions d'exagérer la victoire. L'Allemagne, par une salutaire et féconde inertie, empêchera que l'Europe n'y retombe une seconde fois en moins d'un demi-siècle. Que cela soit avantageux à la Russie, j'en conviens; mais cela est avantageux à l'Europe : il suffit.

La Russie menace notre civilisation pour l'aimer trop et la trop goûter. Que faut-il? La tenir à distance respectueuse, mais lui permettre de puiser abondamment à nos sources pour qu'elle achève de se civiliser, pour qu'elle ajoute sa force à la force commune et porte ensuite en Asie le nom, les lumières et les armes européennes. L'y rejeter aujourd'hui, ce serait priver l'Europe d'un organe plein de vitalité et d'avenir. Je me résume :

La paix doit être faite le plus tôt et aux plus simples conditions qu'il sera possible.

Pour cela il faut que la guerre soit locale, restreinte, c'est-à-dire que l'Allemagne reste neutre et médiatrice.

C'est à l'Autriche plutôt qu'à la Prusse, que cette médiation est dévolue. Lord Clarendon écrivait à lord Westmoreland :

« L'amitié personnelle qui unit les deux empereurs, les relations politiques et géographiques qui lient les deux pays, donnent à l'Autriche une influence de médiation que n'a aucun autre pays. »

Il y a encore d'autres raisons dans le détail desquelles je ne puis entrer. Je me hâte d'indiquer sur quelles bases il sera possible de faire reposer cette médiation, que la France et l'Angleterre doivent préparer par d'indispensables succès militaires.

XI.

Bases d'une transaction.

M. de Talleyrand a dit :

« *Le centre de gravité du monde n'est ni sur l'Elbe ni sur l'Adige; il est là-bas aux frontières de l'Europe, sur le bas Danube.* » Qu'ajouter à cette parole du maître ? Rien ; il n'y a qu'à en tirer les conséquences, et prendre pour point de départ de la politique européenne :

1° que la Russie ne peut être à Constantinople sans danger pour l'Europe;

2° que la Russie ne peut être sur le Danube sans danger pour l'Allemagne.

On a vu combien le traité de 1841, excellent dans ses résultats immédiats puisqu'il rétablit le concert européen, était en réalité insuffisant et favorable à l'une des hautes parties contractantes qu'il confirmait dans la pleine possession de l'Euxin et des bouches danubiennes. Tout le monde sait aussi combien le traité particulier, passé le 25 juillet 1840, entre l'Autriche et la Russie, relativement à la navigation du Danube, a été mal exécuté par la Russie, que sa situation mettait à l'abri de toute surveillance et de toute mesure coercitive. Il faut donc prendre le contre-pied du traité de 1841, et obtenir de la Porte l'abandon d'une règle surannée, bonne pour elle quand elle était capable de se défendre, mais qui aujourd'hui la prive en temps utile du concours de ses alliés et tend à transformer très-fâcheusement pour elle et pour l'Europe, la mer Noire en un lac russe. Le devoir d'interdire le passage aux vaisseaux de guerre pendant la paix serait remplacé par le devoir de les laisser toujours passer, et le droit d'interdiction ne serait réservé qu'en cas de guerre. Ainsi la mer Noire deviendrait une annexe de la Méditerranée, et la Méditerranée serait ce qu'elle doit être, un lac non pas français ni anglais, mais européen.

La présence permanente des escadres occidentales dans les eaux de l'Euxin, en opposant à l'influence russe un contre-poids suffisant en Orient, permettrait de rétablir dans les principautés le *statu quo ante bellum*, c'est-à-dire l'évacuation complète et le rétablissement des princes tributaires de la Porte. La substitution d'un protectorat collectif à celui de la Russie offrirait plus d'inconvénients que d'avantages.

Quant aux Grecs qui sont si embarrassants, et qui font tout pour le devenir davantage, ils ne cessent pourtant pas d'être intéressants; et puisque des droits nouveaux viennent de leur être accordés solennellement, sur la demande de la France et de l'Angleterre, il semble qu'entrées dans cette voie, les deux puissances doivent aller jusqu'au bout. De deux choses l'une : ou bien ces concessions sont faites par la Porte avec l'intention sérieuse de les maintenir; ou bien elles ne sont qu'une satisfaction accordée momentanément à l'exigence des puissances chrétiennes occidentales. Dans le premier cas, la violation des principes anciens étant une fois consommée par la concession elle-même, et par l'intention où l'on est d'y être fidèle,

9

rien n'empêche d'ajouter au lien de la volonté et de la conscience, celui d'un *traité*, par lequel, non-seulement la Russie, mais les quatre autres puissances européennes, auraient, *pendant un laps de temps déterminé*, vingt ans par exemple, le droit de veiller à l'exécution des promesses faites par le sultan. Si, au contraire, la Porte avait l'intention de s'y soustraire, il semble qu'alors, à moins de vouloir être jouées, les puissances occidentales ne peuvent pas ne pas exiger la garantie d'un traité. Que répondre à ce dilemme? Cette combinaison offrirait à la Russie une satisfaction qui serait sans doute jugée suffisante et le droit d'intervention qu'elle lui donnerait ne serait point dangereux, puisqu'il aurait pour correctif nécessaire et iné-vitable l'intervention des quatre autres puis-sances.

Ce traité aurait encore un autre avantage. Il préviendrait à Constantinople une révolution de palais. Le vieux parti turc, quelque sympathie qu'il mérite, doit être considéré comme un dan-ger pour le gouvernement actuel. Si un traité ne confirme pas les droits octroyés aux Grecs, ce parti peut affecter le pouvoir dans le seul but de restaurer l'ancienne loi. Ses tentatives sont prévenues, et tout espoir lui est interdit par un

traité qui lierait d'avance ses mains dans celles
de l'Europe entière. Ce point de vue doit, si je
ne m'abuse, déterminer de la part du Divan, tel
qu'il est composé aujourd'hui, l'adoption d'un
acte diplomatique réglant plusieurs points d'administration intérieure. Ce traité portera sans
doute quelque atteinte au principe de la souveraineté opposé naguère à M. le prince de Menzikoff;
mais quand l'homme, pour sortir d'une fausse
position, n'a plus qu'un moyen qui est de se
contredire, il doit s'y résoudre de bonne grâce.
L'indépendance du Grand Seigneur est un gros
mot, très-vague, plein de mensonges, dont il serait
temps que l'on voulût bien se débarrasser. Quand
un État en est arrivé à ne pas pouvoir se défendre lui-même, il cesse d'être indépendant; et
qu'importe que le mot reste quand la chose a cessé
d'exister.

En résumé :

1° Le libre passage des détroits en temps de
paix;

2° La formule des droits concédés aux Grecs,
avec la garantie d'une surveillance *collective et
temporaire.*

Voilà les deux bases modérées d'une transaction synallagmatique qui satisfait :

L'Europe, en contenant la Russie sans l'amoindrir;

La France et l'Angleterre, en leur ouvrant la mer Noire;

La Russie, en lui ouvrant la Méditerranée et en lui faisant atteindre, sans danger pour autrui, le but qu'elle se propose, à savoir l'amélioration du sort des populations grecques;

La Turquie enfin, en lui assurant du moins l'existence. Ce traité lui coûtera beaucoup sans doute. Elle se sera donné des chaînes, j'en conviens; mais avant tout, pour un gouvernement, il faut vivre, gagner du temps et le bien employer.

XII.

Conclusion.

J'ai montré, je pense, que la neutralité de l'Autriche dans la guerre d'Orient est fondée en droit vis-à-vis de la Turquie et de la Russie; qu'elle résulte logiquement des rapports qui ont uni l'Autriche et la Russie et des événements qui ont pré-

paré cette guerre, comme des circonstances qui
l'ont fait éclater ; qu'elle dérive en outre de la
nature du corps germanique dont l'Autriche fait
partie.

Envisageant ensuite cette neutralité dans ses
conséquences, j'ai fait entrevoir qu'elle était conforme aux intérêts particuliers de l'Autriche et
aux intérêts généraux de l'Europe, parce qu'elle
contient la révolution, localise la guerre et conserve un terrain toujours ouvert aux négociations.
J'ai proposé les bases d'une transaction en dehors
de laquelle tout semble périlleux et chimérique.

Il me resterait à prouver que la neutralité de
l'Autriche est favorable à l'alliance de la France
et de l'Angleterre, parce qu'il est plus facile de
rester d'accord à deux qu'à trois ; qu'elle est particulièrement avantageuse à la France en écartant
l'éventualité du secours fâcheux que cette puissance
serait peut-être obligée de fournir à l'Autriche en
Italie ; pour plusieurs autres raisons encore que je
dois taire.

Il y a des limites à tout et je sens trop que je les
ai dépassées.

16 avril 1854.

FIN.

DOCUMENTS.

___

I.

TRAITÉ DE 1841.

PROTOCOLE.

Les difficultés dans lesquelles Sa Hautesse le Sultan s'est trouvé placé, et qui l'ont déterminé à réclamer l'appui et l'assistance des cours d'Autriche, de la Grande-Bretagae, de Prusse et de Russie, venant d'être aplanies, et Méhémet-Ali ayant fait, envers Sa Hautesse le Sultan, l'acte de soumission que la convention du 15 juillet était destiné à amener, les représentants des cours signataires de ladite convention, ont reconnu, qu'indépendamment de l'exécution des mesures temporaires résultant de cette convention, il importe essentiellement de consacrer de la manière la plus formelle le respect dû à *l'ancienne règle de l'empire ottoman*, en vertu de laquelle il a été de tout temps *défendu aux bâtiments de guerre des puissances étrangères d'entrer dans les détroits des Dardanelles et du Bosphore.* Ce principe étant par sa nature d'une application générale et permanente, les plénipotentiaires respectifs, munis à cet effet des ordres de leurs cours, ont été d'avis que, pour manifester l'accord et l'union qui président aux intentions de toutes les cours, dans l'intérêt de l'affermissement de la paix européenne, il conviendrait de constater le respect dû au principe susmentionné, au moyen d'une transaction à laquelle la France serait appelée à concourir à l'invitation et d'après le vœu de Sa Hautesse le Sultan. Cette transaction étant de nature à offrir à l'Europe un gage de l'union des cinq puissances, le principal secrétaire d'État de Sa Majesté Britannique ayant le département des affaires étrangères, d'accord avec les plénipotentiaires des quatre autres puissances, s'est chargé de porter cet objet à la connaissance du gouvernement français, en l'invitant à participer à la transaction par laquelle, d'une part, le Sultan déclarerait la ferme résolution de maintenir à l'avenir le susdit principe ; de l'autre, les cinq puissances assureraient leur détermination unanime de respecter ce principe et de s'y conformer.

ESTERHAZY, NEUMANN, PALMERSTON, BULOW, BRUNOW.

ARTICLE 1er. Sa Hautesse le Sultan, d'une part, déclare qu'il a la ferme résolution de maintenir, à l'avenir, le principe invariablement établi comme ancienne règle de son empire, et en vertu duquel il a été de tout temps défendu aux bâtiments de guerre des puissances étrangères d'entrer dans les détroits des Dardanelles et du Bosphore, et que, tant que la Porte se trouve en paix, Sa Hautesse n'admettra aucun bâtiment de guerre étranger dans lesdits détroits ;

Et Leurs Majestés le roi des Français, l'empereur d'Autriche, roi de Hongrie et de Bohême, la reine du royaume uni de la Grande-Bretagne et d'Irlande, le roi de Prusse et l'empereur de toutes les Russies, de l'autre part, s'engagent à respecter cette détermination du Sultan, et à se conformer au principe ci-dessus énoncé.

ARTICLE 2. Il est entendu qu'en constatant l'inviolabilité de l'ancienne règle de l'empire ottoman mentionnée dans l'article précédent, le Sultan se réserve, comme par le passé, de délivrer des firmans de passage aux bâtiments légers sous pavillon de guerre, lesquels seront employés, comme il est d'usage, au service des légations des puissances amies.

ARTICLE 3. Sa Hautesse le Sultan se réserve de porter la présente convention à la connaissance de toutes les puissances avec lesquelles la Sublime Porte se trouve en relations d'amitié, en les invitant à y accéder.

ARTICLE 4. La présente convention sera ratifiée et les ratifications en seront échangées à Londres, à l'expiration de deux mois, ou plus tôt, si faire se peut.

En foi de quoi les plénipotentiaires respectifs l'ont signée et y ont apposé les sceaux de leurs armes.

Fait à Londres, le 13 juillet, l'an de grâce 1841.

Signé : Bourqueney, Esterhazy, Neumann, Palmerston, Bulow, Brunow, Chekib.

II.

Traité d'alliance conclu entre la France, l'Angleterre et la Turquie.

Sa Majesté l'Empereur des Français et Sa Majesté la Reine du royaume uni de la Grande-Bretagne et d'Irlande ayant été invités par Sa Majesté Impériale le Sultan à l'aider à repousser l'agression dirigée par Sa Majesté l'Empereur de toutes les Russies contre les territoires de la Sublime Porte Ottomane; agression par laquelle l'intégrité de l'Empire ottoman et l'indépendance du trône de Sa Majesté Impériale le Sultan se trouvent menacées; et Leursdites Majestés étant pleinement persuadées que l'existence de l'Empire ottoman, dans ses limites actuelles, est essentielle au maintien de la balance du pouvoir entre les États de l'Europe, et, ayant, en conséquence, consenti à donner à Sa Majesté Impériale le Sultan l'assistance qu'il a demandée dans ce but, il a paru convenable à Leursdites

Majestés et à Sa Majesté Impériale le Sultan de conclure un traité afin de constater leurs intentions, conformément à ce qui précède, et de régler la manière d'après laquelle Leursdites Majestés prêteront assistance à Sa Majesté Impériale le Sultan.

Dans ce but, Leursdites Majestés et Sa Majesté Impériale le Sultan ont nommé, pour être plénipotentiaires, savoir :

Sa Majesté l'Empereur des Français, M. le général de division comte Baraguey d'Hilliers, vice-président du Sénat, grand-croix de l'ordre impérial de la Légion d'honneur, etc., etc., etc., son ambassadeur extraordinaire et plénipotentiaire près la Porte Ottomane;

Sa Majesté la Reine du royaume uni de la Grande-Bretagne et d'Irlande, le très-honorable Stratford, vicomte Stratford de Redcliffe, pair du Royaume uni, conseiller de Sa Majesté Britannique en son conseil privé, chevalier grand-croix du très-honorable ordre du Bain, son ambassadeur extraordinaire et plénipotentiaire près la Porte Ottomane ;

Et Sa Majesté Impériale le Sultan, Mustapha-Réchid-Pacha, son ministre des affaires étrangères ;

Lesquels, après s'être réciproquement communiqué leurs pleins pouvoirs, trouvés en bonne et due forme, sont convenus des articles suivants :

Art. 1er. Sa Majesté l'Empereur des Français et Sa Majesté la Reine du royaume uni de la Grande-Bretagne et d'Irlande, ayant déjà, à la demande de Sa Majesté Impériale le Sultan, ordonné à de puissantes divisions de leurs forces navales de se rendre à Con-

stantinople, et d'étendre au territoire et au pavillon
ottomans la protection que permettraient les circonstances, Leursdites Majestés se chargent, par le présent traité, de coopérer encore davantage avec Sa
Majesté Impériale le Sultan, pour la défense du territoire ottoman en Europe et en Asie, contre l'agression
russe, en employant à cette fin tel nombre de leurs
troupes de terre qui peut paraître nécessaire pour atteindre ce but; lesquelles troupes de terre Leursdites
Majestés expédieront aussitôt vers tels ou tels points
du territoire ottoman qu'il sera jugé à propos; et Sa
Majesté impériale le Sultan convient que les troupes
de terre françaises et anglaises, ainsi expédiées pour
la défense du territoire ottoman, recevront le même
accueil amical et seront traitées avec la même considération que les forces navales françaises et britanniques
employées depuis quelque temps dans les eaux de la
Turquie.

Art. 2. Les hautes parties contractantes s'engagent,
chacune de son côté, à se communiquer réciproquement, sans perte de temps, toute proposition que re-
cevrait l'une d'elles de la part de l'empereur de Russie, soit directement, soit indirectement, en vue de la
cessation des hostilités, d'un armistice ou de la paix;
et Sa Majesté Impériale le Sultan s'engage, en outre,
à ne conclure aucun armistice et à n'entamer aucune
négociation pour la paix, ou à ne conclure aucun pré-
préliminaire de paix ni aucun traité de paix avec l'empereur de Russie, sans la connaissance et le consente-
ment des hautes parties contractantes.

ART. 3. Dès que le but du présent traité aura été atteint par la conclusion d'un traité de paix, Sa Majesté l'Empereur des Français et Sa Majesté la Reine du royaume uni de Grande-Bretagne et d'Irlande, prendront aussitôt des arrangements pour retirer immédiatement toutes leurs forces militaires et navales employées pour réaliser l'objet du présent traité, et toutes les forteresses ou positions dans le territoire ottoman qui auront été temporairement occupées par les forces militaires de la France et de l'Angleterre, seront remises aux autorités de la Sublime Porte Ottomane, dans l'espace de quarante jours, ou plus tôt, si faire se peut, à partir de l'échange des ratifications du traité par lequel la présente guerre sera terminée.

ART. 4. Il est entendu que les armées auxiliaires conserveront la faculté de prendre telle part qui leur paraîtrait convenable aux opérations dirigées contre l'ennemi commun, sans que les autorités ottomanes, soit civiles, soit militaires, aient la prétention d'exercer le moindre contrôle sur leurs mouvements; au contraire, toute aide et facilité leur seront prêtées par ces autorités, spécialement pour leur débarquement, leur marche, leur logement ou campement, leur subsistance et celle de leurs chevaux, et leurs communications, soit qu'elles agissent ensemble, soit qu'elles agissent séparément.

Il est entendu, de l'autre côté, que les commandants desdites armées s'engagent à maintenir la plus stricte discipline dans leurs troupes respectives, et feront respecter par elles les lois et les usages du pays.

Il va sans dire que les propriétés seront partout respectées.

Il est, de plus, entendu de part et d'autre, que le plan général de campagne sera discuté et convenu entre les commandants en chef des trois armées, et que si une partie notable des troupes alliées se trouvait en ligne avec les troupes ottomanes, nulle opération ne pourrait être exécutée contre l'ennemi sans avoir été préalablement concertée avec les commandants des forces alliées.

Finalement, il sera fait droit à toute demande relative aux besoins du service, adressée par les commandants en chef des troupes auxiliaires, soit au gouvernement ottoman, par le canal de leurs ambassades respectives, soit d'urgence, aux autorités locales, à moins que des objections majeures, clairement énoncées, n'en empêchent la mise à exécution.

ART. 5. Le présent traité sera ratifié, et les ratifications seront échangées à Constantinople dans l'espace de six semaines, ou plus tôt si faire se peut, à partir du jour de la signature.

En foi de quoi les plénipotentiaires respectifs l'ont signé et y ont apposé le cachet de leurs armes.

Fait en triple, pour un seul et même effet, à Constantinople, le douze mars mil huit cent cinquante-quatre.

Signé : BARAGUEY D'HILLIERS. STRATFORD DE REDCLIFFE. RÉCHID
    (L. S.)   (L. S.)   (L. S.)

III.

Protocole d'une conférence tenue au ministère des affaires étrangères à Vienne le 9 avril 1854.

Présents :

Les représentants

d'Autriche,

de France,

de Grande-Bretagne,

et de Prusse.

Sur la demande des plénipotentiaires de France et de Grande-Bretagne, la conférence s'est réunie pour entendre la lecture des pièces qui établissent que l'invitation adressée au cabinet de Saint-Pétersbourg d'évacuer les principautés moldo-valaques dans un délai fixe étant restée sans réponse, l'état de guerre, déjà déclaré entre la Russie et la Sublime Porte, existe également de fait entre la Russie d'une part, et la France et la Grande-Bretagne de l'autre.

Ce changement opéré dans l'attitude des deux puissances représentées dans la conférence de Vienne en conséquence d'une démarche tentée directement par la France et l'Angleterre, et appuyée par l'Autriche et la Prusse comme fondée en droit, a été jugé par les plénipotentiaires d'Autriche et de Prusse comme impliquant la nécessité de constater de nouveau l'union des quatre gouvernements sur le terrain des principes posés dans les protocoles des 5 décembre 1853 et 13 janvier 1854.

En conséquence, les soussignés ont, à ce moment solennel, déclaré que leurs gouvernements restent unis dans le double but de maintenir l'intégrité territoriale de l'empire ottoman, dont le fait de l'évacuation des principautés danubiennes est et restera une des conditions essentielles, et de consolider, dans un intérêt si conforme aux sentiments du sultan et par tous les moyens compatibles avec son indépendance et sa souveraineté, les droits civils et religieux des chrétiens sujets de la Porte.

L'intégrité territoriale de l'empire ottoman est et demeure la condition *sine qua non* de toute transaction destinée à rétablir la paix entre les puissances belligérantes, et les gouvernements représentés par les soussignés s'engagent à rechercher en commun les garanties les plus propres à rattacher l'existence de cet empire à l'équilibre général de l'Europe, comme ils se déclarent prêts à délibérer et à s'entendre sur l'emploi des moyens les plus convenables pour atteindre l'objet de leur concert.

Quelque événement qui se produise par suite de cet accord, fondé uniquement sur les intérêts généraux de l'Europe, et dont le but ne peut être atteint que par le retour d'une paix solide et durable, les gouvernements représentés par les soussignés s'engagent réciproquement à n'entrer dans aucun arrangement définitif avec la cour impériale de Russie, ou avec toute autre puissance, qui serait contraire aux principes énoncés ci-dessus, sans en avoir préalablement délibéré en commun.

Signé : BUOL-SCHAUENSTEIN,
BOURQUENEY,
WESTMORELAND,
ARNIM.

IV.

Traité d'alliance offensive et défensive entre la France et la Grande-Bretagne.

Leurs Majestés l'empereur des Français et la reine du royaume uni de la Grande-Bretagne et d'Irlande, décidées à prêter leur appui à Sa Majesté le sultan Abdul-Medjid, empereur des Ottomans, dans la guerre qu'elle soutient contre les agressions de la Russie, et amenées, en outre, malgré leurs efforts sincères et persévérants pour maintenir la paix, à devenir elles-mêmes parties belligérantes dans une guerre qui, sans leur intervention active, eût menacé l'existence de l'équilibre européen et les intérêts de leurs propres États, ont, en conséquence, résolu de conclure une convention destinée à déterminer l'objet de leur alliance, ainsi que les moyens à employer en commun pour le

10

remplir, et nommé à cet effet pour leurs plénipotentiaires :

Sa Majesté l'empereur des Français, le sieur Alexan-
dre Colonna, comte Walewski, grand officier de
l'ordre impérial de la Légion d'honneur, grand'croix
de l'ordre de Saint-Janvier des Deux-Siciles, grand'-
croix de l'ordre du Danebrog du Danemark, grand'-
croix de l'ordre du Mérite de Saint-Joseph de Tos-
cane, etc., etc., etc., son ambassadeur près Sa Majesté
Britannique ;

Et Sa Majesté la reine du royaume uni de la Grande-
Bretagne et d'Irlande, le très-honorable George-Guil-
laume-Frédéric, comte de Clarendon, baron Hyde de
Hindon, pair du royaume uni, conseiller de Sa Majesté
Britannique en son conseil privé, chevalier du très-
noble ordre de la Jarretière, chevalier grand'croix du
très-honorable ordre du Bain, principal secrétaire d'É-
tat de Sa Majesté Britannique pour les affaires étrangères ;

Lesquels, s'étant réciproquement communiqué leurs
pleins pouvoirs, trouvés en bonne et due forme, ont
arrêté et signé les articles suivants :

Art. 1ᵉʳ. Les hautes parties contractantes s'engagent
à faire ce qui dépendra d'elles pour opérer le rétablissement de la paix entre la Russie et la Sublime Porte
sur des bases solides et durables, et pour garantir
l'Europe contre le retour des regrettables complications
qui viennent de troubler si malheureusement la paix
générale.

Art. 2. L'intégrité de l'empire ottoman se trouvant

violée par l'occupation de provinces de Moldavie et de Valachie, et par d'autres mouvements des troupes russes, LL. MM. l'empereur des Français et la reine du royaume uni de la Grande-Bretagne et d'Irlande se sont concertées et se concerteront sur les moyens les plus propres à affranchir le territoire du sultan de l'invasion étrangère, et à atteindre le but spécifié dans l'article 1er. Elles s'engagent, à cet effet, à entretenir, selon les nécessités de la guerre, appréciées d'un commun accord, des forces de terre et de mer suffisantes pour y faire face, et dont des arrangements subséquents détermineront, s'il y a lieu, la qualité, le nombre et la destination.

Art. 3. Quelque événement qui se produise en conséquence de l'exécution de la présente convention, les hautes parties contractantes s'obligent à n'accueillir aucune ouverture ni aucune proposition tendant à la cessation des hostilités, et à n'entrer dans aucun arrangement avec la cour impériale de Russie sans en avoir préalablement délibéré en commun.

Art. 4. Animées du désir de maintenir l'équilibre européen, et ne poursuivant aucun but intéressé, les hautes parties contractantes renoncent d'avance à retirer aucun avantage particulier des événements qui pourront se produire.

Art. 5. LL. MM. l'empereur des Français et la reine du royaume uni de la Grande-Bretagne et d'Irlande recevront avec empressement dans leur alliance, pour coopérer au but proposé, celles des autres puissances de l'Europe qui voudraient y entrer.

Art. 6. La présente convention sera ratifiée, et les ratifications seront échangées à Londres dans l'espace de huit jours.

En foi de quoi les plénipotentiaires respectifs l'ont signée et y ont apposé le sceau de leurs armes.

Fait à Londres, le dix avril, l'an de grâce mil huit cent cinquante-quatre.

Signé : WALEWSKI.   *Signé :* CLARENDON.
(L. S.)   (L. S.)

V.

Traité d'alliance offensive et défensive entre l'Autriche et la Prusse.

S. M. l'empereur d'Autriche et S. M. le roi de Prusse, voyant avec un profond regret la stérilité des efforts qu'ils ont tentés jusqu'ici pour prévenir l'explosion d'une guerre entre la Russie d'un côté, et d'un autre côté la Turquie, la France et la Grande-Bretagne ; se souvenant des obligations morales qu'elles ont contractées par les signatures données au nom des deux puissances (l'Autriche et la Prusse) au protocole de Vienne ; prenant en considération le développement des mesures militaires de plus en plus étendues prises par les parties contendantes, et les dangers qui en résultent pour la paix de l'Europe ; convaincues qu'il appartient à l'Allemagne, si étroitement unie à leurs États, de remplir une haute mission au début de cette guerre, afin de prévenir un avenir qui ne pourrait qu'être fatal au bien-être général de l'Europe,

Ont résolu de s'unir pour toute la durée de la guerre qui a éclaté entre la Russie d'un côté, et de l'autre la Turquie, la France et la Grande-Bretagne, par une alliance offensive et défensive, et nommé leurs plénipotentiaires pour conclure cette alliance et pour en régler les conditions, savoir :

S. M. l'empereur d'Autriche,

Son conseiller intime actuel et quartier-maître général de l'armée, général Henri, baron de Hess, commandeur de l'ordre autrichien militaire de Marie-Thérèse, grand'croix de l'ordre autrichien de Léopold, chevalier de l'ordre prussien de l'Aigle Noir, etc., etc. ;

Et son conseiller intime actuel et chambellan, Frédéric, comte de Thun-Hohenstein, grand'croix de l'ordre autrichien de Léopold et chevalier de l'ordre prussien de l'Aigle Rouge, son envoyé extraordinaire et son ministre plénipotentiaire près le roi de Prusse ;

Et S. M. le roi de Prusse,

Son ministre, président du conseil et ministre des affaires étrangères, Othon-Théodore, baron de Manteuffel, chevalier de l'ordre prussien de l'Aigle Rouge de 1re classe, orné de feuilles de chêne, de sceptre et de couronne, grand'croix de l'ordre autrichien de Saint-Étienne ;

Lesquels, après s'être communiqué leurs pleins pou-

voirs et les avoir échangés, sont convenus des points
suivants :

Art. 1er. S. M. I. R. et Apostolique et S. M. le roi
de Prusse se garantissent réciproquement la possession
de leurs territoires allemands et non allemands, de telle
sorte que toute attaque dirigée contre le territoire de
l'un d'eux, de quelque côté qu'elle vienne, sera considérée comme une entreprise hostile dirigée contre le
territoire de l'autre.

Art. 2. En même temps, les hautes parties contractantes se considèrent comme obligées de protéger les
droits et les intérêts de l'Allemagne contre toute espèce
d'atteinte, et se regardent comme tenues à une défense commune contre toute attaque faite sur une
partie quelconque de leur territoire, même dans le cas
où l'une d'elles, par suite d'un accord avec l'autre, se
verrait forcée de passer à l'action pour protéger les intérêts allemands.

Dans le cas spécifié plus haut, et lorsqu'il y aura
lieu de prêter le secours promis, il y sera pourvu au
moyen d'une convention spéciale qui sera considérée
comme une partie intégrante du présent traité.

Art. 3. Pour donner aux conditions de l'alliance offensive et défensive toute la garantie et toute la force
nécessaires, les deux grandes puissances allemandes
s'engagent à entretenir, en cas de besoin, une partie
de leurs forces sur un pied complet de guerre aux époques et sur les points qui seront ultérieurement fixés.
On s'entendra sur l'étendue de ces forces et sur le moment où elles seront mises en activité, ainsi que sur le

mode suivant lequel il sera pourvu à leur établissement aux points indiqués.

Art. 4. Les hautes parties contractantes inviteront tous les États de la Confédération à accéder au présent traité, en leur faisant observer que les obligations fédérales prévues par l'acte final du congrès de Vienne s'étendront, pour ceux qui y accéderont, aux stipulations que le traité actuel sanctionne.

Art. 5. Pendant la durée du présent traité, ni l'une ni l'autre des hautes parties contractantes ne pourra conclure avec quelque puissance que ce soit aucune alliance qui ne serait pas dans un accord parfait avec les bases posées dans le présent traité.

Art. 6. La présente convention sera, aussitôt que possible, communiquée réciproquement de part et d'autre pour recevoir la ratification des deux souverains.

Fait à Berlin, le 20 avril 1854.

Signé : baron OTHON-THÉODORE MANTEUFFEL.
HENRI, baron de HESS.
FRÉDÉRIC THUN.

VI.

Protocole (n° 6) *d'une conférence tenue à Vienne le*
23 *mai* 1854.

Les plénipotentiaires soussignés ont jugé conforme
aux dispositions du protocole du 9 avril de se réunir
en conférence, de se communiquer réciproquement et
de mentionner dans un acte commun, les conventions
conclues d'un côté entre la France et la Grande-Bretagne, et de l'autre entre l'Autriche et la Prusse, le
premier le 10, et le second le 20 avril de cette année.

Après avoir soigneusement examiné les conventions susdites, les soussignés sont convenus à l'unani-
mité :

1° Que la convention conclue entre la France et
l'Angleterre, et celle conclue le 20 avril entre l'Autriche et la Prusse engagent chacune des quatre puissances, *dans les conditions de ces deux traités*, à maintenir le principe établi par la suite des protocoles de la
conférence de Vienne.

2° Que l'intégrité de l'empire ottoman et l'évacuation de la portion de son territoire qui est occupée par
l'armée russe sont et continuent d'être le but constant
et invariable de l'union des quatre puissances ; que,
par conséquent, les actes communiqués et annexés au

présent protocole correspondent à l'engagement que les plénipotentiaires avaient contracté les uns envers les autres, le 9 avril, de délibérer et de convenir des moyens les plus convenables pour atteindre le but de leur union et donner ainsi une sanction nouvelle aux fermes intentions des quatre puissances représentées à la conférence de Vienne, de combiner tous leurs efforts et leurs résolutions bien arrêtées d'atteindre le but qui sert de base à leur réunion.

Signé : BUOL SCHAUENSTEIN, BOURQUENEY, WESTMORELAND, ARNIM.

(Les conventions des 10 et 20 avril sont annexées à ce protocole).

TABLE DES MATIÈRES.

TYPOGRAPHIE DE CH. LAHURE
Imprimeur du Sénat et de la Cour de Cassation
Rue de Vaugirard, 9.

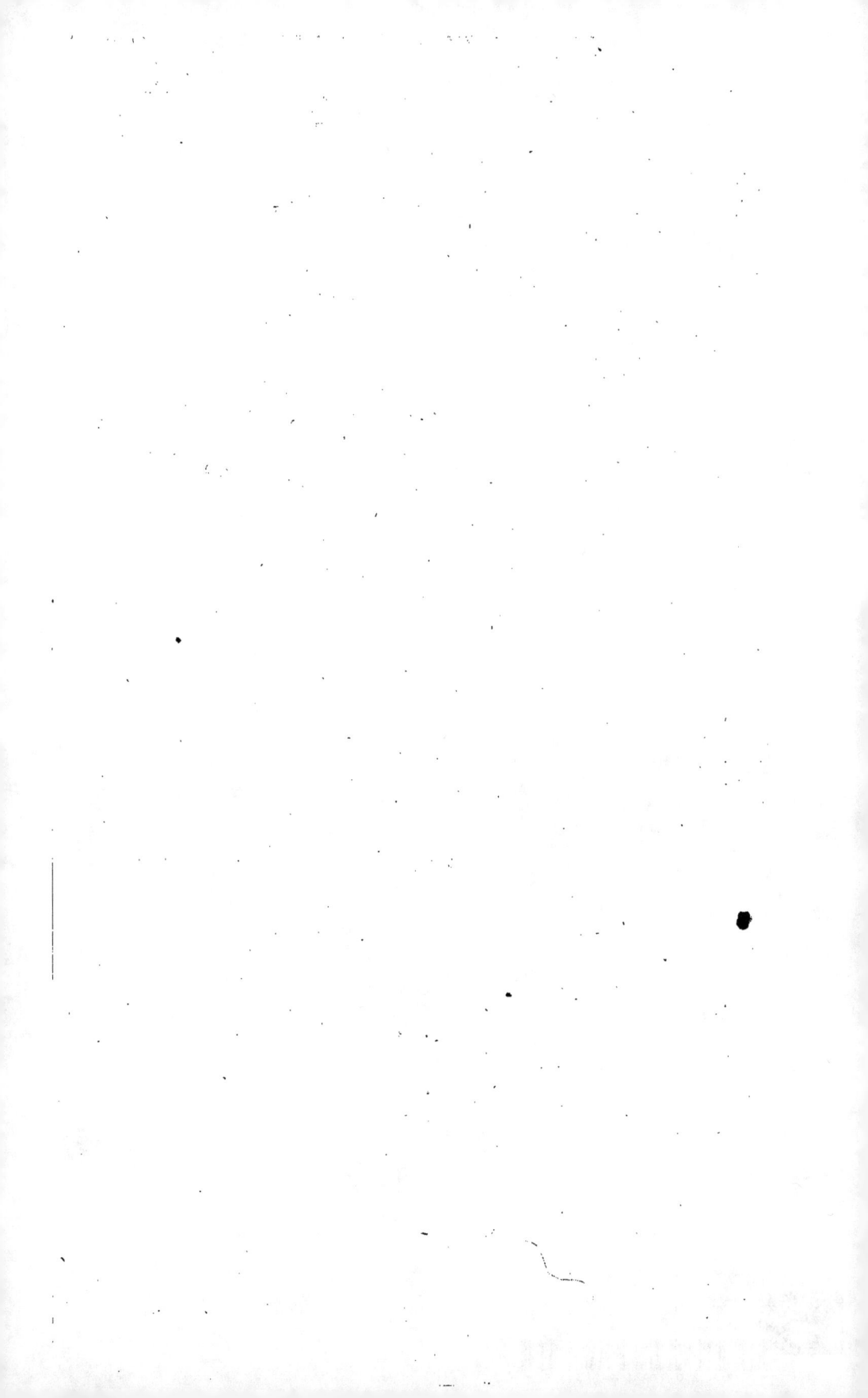

www.ingramcontent.com/pod-product-compliance
Lightning Source LLC
Chambersburg PA
CBHW070755290326
41931CB00011BA/2021